에니어그램 행동특징과
명상상담 전략

초판 1쇄 인쇄 | 2016년 10월 10일
초판 2쇄 발행 | 2019년 11월 20일

지은이 | 인경
펴낸이 | 김형록
펴낸곳 | 명상상담연구원

주소 | 서울시 성북구 보문로 35길 39(삼선동 4가 57)
　　　목우선원 명상상담평생교육원
전화 | (02) 2236-5306
홈페이지 | http://cafe.daum.net/medicoun
출판등록 | 제 211-90-28934호

가격　15,000원

ISBN 978-89-94906-23-2 93180

에니어그램 행동특징과
명상상담 전략

인경(김형록) 지음

 명상상담연구원

우리는 성격이 서로 다르다고 한다. 가족 간에도 친구들 사이에서도, 다르기 때문에 서로 오해를 하고 갈등도 한다. 그래서 백길 속의 바닷길은 쉬워도 한 길 속의 사람 마음을 알기는 어렵다고 한다. 그러나 이런 서로 다른 성격이 바로 우리 삶의 다양성을 만들어 낸다. 성격을 이해하는 일은 매우 어렵고, 심리학에서는 반드시 공부를 해야 하는 중요한 영역이기도 하다.

성격은 타고나는 것일까? 아니면 변하는 것일까? 혹자는 성격은 바뀌어지지 않는다고도 하고, 어떤 이들은 인생에서 몇 번의 전기를 맞이하면서 성격이 바뀐다고 말한다. 바뀌든지 바뀌어지지 않던지, 본인의 성격적 특징을 정확하게 알고, 다양한 서로 다른 성격의 유형을 이해하는 일은 함께 어울러서 살아가는 우리들에게 중요한 과업 가운데 하나가 아닌가 한다.

성격에 관한 논의는 매우 오랜 역사를 가지고 있다. 성격에 관한 이론들이 대중적인 인기를 최근에 유지하고 있는데, 국내에서는 에니어그램, MBTI, 교류분석 등이 유행하고 있다. 에니어그램(Enneagram)은 원래는 동양에서 기원한 명상수행이었지만 서양으로 건너가면서 개인적인 성격이론으로 변모되었다. 반면에 MBTI는 칼융 (Carl Gustav Jung, 1875-1961)의 심리학에 기반하여 에너지의 방향, 정보를 모으고, 의사결정하고, 행동 선택하는 과정을 중심으로 성격을 분류하고 있고, 교류분석은 프로이트(Sigmund Freud, 1856-1939)의 성격이론에 기반하여 가족과의 관계에서 획득된 의사소통의 방식에 따라서 성격을 이해한다.

에니어그램은 1970년대에 고대의 동양적 전통에 기반한 구르제프(Gurdjieff)의 에니어그램을 스텐퍼드 대학에서 현대적 성격심리학으로 발전시키면서 전 세계에 유포되었다(이순자, 2003). 국내에서는 1990년대에 본격적으로 소개 된 이후로 학회나 연구소 뿐만 아니라 종교단체나 기업 등에서 다양하게 연구되고 있다.

에니어그램에 대한 국내의 연구는 대부분 수입된 에니어그램 성격이론을 교육현장이나 상담현장에서 적용하여 그 효과성에 대한 연구가 주류를 이루고 있다. 반면에 에니어그램 성격심리학 자체에 대한 연구는 부족한 실정이다. 이런 이유로 본 연구에서는 에니어그램의 성격을 성격심리학적인 입장에 초점을 맞추고자 한다. 주요한 과제는 다음과 같다.

첫째는 에니어그램은 크게 감정형, 사고형, 의지형이란 세 유형으로 분류하는데, 왜 3가지로 분류하는지에 대한 좀 더 상세한 이론적 해명이 필요하고, 둘째는 더불어서 성격심리학적 관점에서 볼 때 에니어그램의 하위개념을 탐색하고자 한다. 그럼으로써 현장에서 구체적인 상황에서 에니어그램을 응용하는데 도움이 되었으면 한다. 셋째는 12개의 하위개념을 각각의 성격유형별로 구체적으로 기술하여 성격탐색이나 에니어그램 상담에 활용할 수 있는 도구가 되도록 하고, 마지막으로 넷째는 개발된 명상상담 에니어그램 검사를 어떻게 활용하고, 해석은 어떻게 할지 기본적인 방향을 설정하는 것이다. 부족하지만 일단 집단운영이나 상담에 작은 지침이나 교재가 되었으면 하는 바람에서 간행한다. 앞으로 많은 사례를 보완하고 수정의 피드백을 구한다.

2016년 9월
목우선원 인경합장

차 례

머리말   4

I 에니어그램의 성격적 특성   9
1. 에니어그램의 성격   10
2. 에니어그램 성격유형의 이해   14
3. 에니어그램 성격의 5범주 12하위개념   21

II 에니어그램 성격유형별 행동특징   27
1. 에니어그램의 일반적 특징   28
2. 각 성격유형별 행동특징   32

III 에니어그램 명상상담 전략   59

1. 첫째 날　면접과 성격검사   60

2. 둘째 날　대인관계 탐색   63

3. 셋째 날　어린 시절 경험나누기   66

4. 넷째 날　자아개념과 집착   68

5. 다섯째 날　성격역동   71

6. 여섯째 날　명상   73

7. 일곱째 날　가족세우기와 심리극   76

8. 마지막 날　새로운 행동선택   78

IV 명상상담 검사지의 구성과 특징   81

1. 검사지의 구성   82

2. 기존 해석법과의 차이점   83

3. 검사지의 활용방법   86

4. 검사결과의 해석연습   89

참고문헌   91

Summary   95

부록 (알아차림 명상척도 / 간편 도식검사지 / 우울검사지)   96

I

에니어그램의 성격적 특성

본 장의 목표는 에니어그램의 기본적인 성격분류에 대한 심리학적인 기반을 확립하는데 초점을 맞춘다. 에니어그램은 성격을 감정형, 사고형, 의지형 3가지로 분류하는데 왜 그러한지를 이론적으로 탐구한다. 이점에 대해서 프로이트 심리학, 뇌과학적 입장, 불교 심리학적 관점에서 고찰한다. 나아가서 성격의 요인분석으로 5범주 12하위개념으로 에니어그램을 이해한다. 5범주는 대인관계, 어린 시절, 자아개념, 성격역동, 성장과 본질로 분류하고 12개의 하위개념은 본질, 사회성, 교류방식, 애착태도, 어린 시절의 도식, 감정, 사고, 갈망, 대응, 위기, 모순, 성장으로 분류한다. 아울러서 에니어그램의 궁극적인 목표를 성격을 넘어서 본질로 나아가는 성장과정으로 이해한다.

1 에니어그램의 성격

성격은 사람마다 가지고 있는 독특한 성향을 가리킨다. 이런 독특한 성향은 선천적인 내용이 아니고, 관계를 통해서 형성된 적응적인 형태이다. 'Personality'는 '성격' 혹은 '인격'으로 번역되어 사용한다. 'Personality'의 어원은 'persona'이다. '페르조나'란 라틴어는 '탈', '가면'을 의미한다. 가면의 뒷면에는 진짜의 모습이 있음을 전제한다. 반면에 성격은 내면의 자기보다는 밖으로 드러난 모습이란 의미이다.

· 내면의 본질 〉 겉으로 드러난 가면

여기에 따르면 결국 인격 혹은 성격은 가짜이고 본성(本性)과는 다른 가면에 불과하다는 것이다. 이것은 우리가 자신의 진실을 알지 못한 채로, 너무나 오랫동안 가면을 쓰고 살아오면서 가짜의 탈을 진짜 자신의 모습으로 착각을 하고 살아간다는 의미를 함축한다.

하지만 이런 가짜의 탈은 사회적인 혹은 문화적인 학습을 통해서 이루어진 관계로 적응적인 수준으로 절대적으로 잘못된 가짜라고 단정하기는 어렵다. 적응적 관점에서 가면은 드라마처럼, 긍정적이고 유익한 점도 많이 있다는 말이다.

단지 우리가 필요한 부분은 첫째로 겉으로 드러난 독특한 개인적인 성향을 분명하게 이해하는 것이고, 둘째는 성격을 넘어서 내면의 진실을 분명하게 자각하는 것이다. 이런 중요한 두 가지의 관점을 적절하게 잘 설명하여 주는 성격에 대한 이론은 에니어그램이 아닌가 생각한다.

성격이란 무엇인가? 이런 질문을 받으면 어떻게 대답을 할까? 대인관계에서 성격이 서로 맞지 않아 헤어진다는 말을 자주 듣는다. 이 말은 겉으로 드러난 가면과 실제로 만나서 함께 살아보니, 서로 크게 다른 부분이 있다는 말이다. 서로 부딪혀보니 이해할 수 없는 영역에서 오는 인지적인 혼돈이나 기대에 어긋난 실망감을 표현한 경우가 많다는 말이다. 이런 식으로 사람과의 관계에서 성격을 이해하는 일은 중요하다. 그러면 성격은 어떻게 정의할 수 있을까?

- 성격은 개인의 심리적이고 역동적인 체계이다. 이 체계가 개인의 독특한 행동과 사고방식을 결정한다(Allport, 1961).
- 성격은 개인의 삶에 방향성과 형태를 부여하는 인지, 정서, 행동의 복잡한 조직체이다(Pervin, 2003).

심리학자들은 성격을 체계라고 말한다. 성격은 단순하지 않고 복잡하지만 어떤 체계를 갖추고 있다고 말한다. 이 체계를 구성하는 요소로서는 위의 정의에서도 지적하듯이, 인지적 사고, 감정적인 정서, 상황에 따른 행동들이다. 이것을 에니어그램에서는 정서적인 측면이 주도하는 감정형, 인지적인 측면이 강력한 사고형, 본능적인 힘에 의지하는 의지형으로 성격을 분류한다.

에니어그램 성격: 감정형, 사고형, 의지형

인간에게 있어서 감정, 사고, 의지는 서로 별개가 아니다. 이들은 심리 내적인 역동적인 체계이다. 부분이나 요소가 아니라, 전체적인 체계로서 이해하는 것이 중요한 관점이다. 성격을 이야기하다보면 성격을 요소로 환원하여 이해하는 경향이 높다. 이것은 주의해야 할 점이다. 성격은 분명하게 하나의 체계로서 전체적인 관점에서 이해해야 한다. 이것은 환경과의 상호작용을 하면서, 어린 시절부터 청소년기를 거쳐서 형성된 개인마다 독특한 무의식의 씨앗들이다.

여기서 무의식이란 말은 분명하게 본인이 자각을 하지 못한 상태로 방치된 채로, '놓여있다'는 것을 말한다. 우리가 성격을 공부한다는 말은 결국은 자신의 감정(느낌, 정서), 생각(인지, 신념), 의지(갈망, 동기)등을 분명하게 이해하고, 나아가서는 이들의 역동적인 변화와 어린 시절에 어떤 경험과 연결되었는지를 자각한다는 것을 의미한다.

성격을 공부하는 진정한 목적은 밖으로 보여지는 가짜, 가면, 탈로서 살아가는 것이 아니라, 근원적인 진정한 자기로서 살아가게 돕는, 스스로를 위한 작업이다. 이것은 성격을 넘어서 본질로 나아가는 길이고, 일상의 삶에서 자신을 발견하고 자신의 본성을 구현해 가는 긴 여행의 일부이고 그 과정이 아닌가 한다.

에니어그램의 감정형, 사고형, 의지형은 다시 각각 외향, 내향, 중간의 3가지 성격유형으로 분류한다. 에니어그램의 경우에 성격을 크게 감정형, 사고형, 의지형으로 분류하고 이것을 다시 외향형, 내향형, 중간형으로 나누어서 전체적으로 $3 \times 3 = 9$가지의 성격유형으로 구분한다. 감정형은 외향형인 2번, 내향형인 4번, 양쪽에 걸쳐진 3번으로, 사고형은 외향형인 7번, 내향형인 5번, 양쪽을 모두 사용하는 6번으로, 의지형은 외향형인 8번, 내향형인 1번, 그 중간에 위치한 9번으로 다시 구별된다.

'감정형'은 다른 사람과의 관계에서 감정적인 측면을 중시하며, 중심된 과제는 사랑과 인정을 얻는 것이다. 이것을 얻기 위해서 이들은 거짓된 자기 이미지를 만들어서라도 다른 사람들에게서 지지와 관심을 끌어오기를 바란다. 여기에는 세 가지 행동전략 혹은 집착상태가 있다. 다른 사람을 도와줌으로써 자신을 좋아하도록 하는 2번, 능력을 발휘하여 무엇인가를 성취하는 3번, 특별한 자신만의 독특한 멋을 가져야 하는 4번이 그것이다. 감정중심인 2번, 3번, 4번인 이들 세 유형은 공통적으로 자신이 사랑과 인정을 받지 못할까 하는 두려움과 함께 자신에 대해서 공허감과 수치심을 느끼며, 다른 사람의 반응에 과도하게 관심을 쏟다가, 신경질적으로 변하면서 자신의 정체성을 상실하는 경우가 많다.

'사고형'은 사유하기를 좋아하는 타입으로, 미래에 대한 불안감을 가지고 있기에 자신감을 확보할 대안으로써 안내와 정보를 원한다. 이들은 고요한 마음이 결여되어 마음이 끊임없이 재잘거리며, 삶에서 발생되는 불안문제로 인하여 안전한 무엇을 분주하게 찾는 경향이 있다. 여기에는 불안과 초조를 느끼면 그것을 극복하려는 대처행동의 유형에 따라서 새롭고 즐거운 경험을 적극적으로 추구하는 7번, 권위자나 제도에 충실함으로써 불안을 극복하려는 6번, 미래의 안전을 지식에서 구하는 5번, 세 가지 유형이 있다. 사고형인 7번, 6번, 5번은 생각이 많아서 오히려 더욱 불안해진다. 불안할 때 이들은 자신을 지켜줄 무엇인가를 찾는다. 하지만 여기에도 쉽게 만족하지 못하기 때문에 이들은 공통적으로 초조하고 불안한 망상증에 시달린다.

'의지형'은 'instinctive'를 '본능'이라고 번역하여 본능형이란 용어를 사용하는데, 여기서는 본능이란 용어가 성격을 설명하는데 적절하지 않다고 판단하여 '의지형'으로 호칭한다. 의지형은 힘과 자기보존에 큰 관심을 가진다. 이들은 세상으로부터 영향을 받지 않는 독립된 자신의 영역을 확보하는데 에너지를 쏟는다. 이들은 자기 영역이 침해를 받거나 추구하는 이상이 좌절되면 분노가 표출한다. 여기에는 분노를 표현하는 방식에 따라서 세 종류의 행동양식이 있다. 자신을 직접적으로 표현하는 8번, 일단 참았다가 나중에 쌓이면 표출하는 1번, 급한 상황이 아니면 표현을 잘 하지 않는 9번이 그것이다. 이들은 공통적으로 고집이 세고 의지가 강하다. 다른 사람에게 자신의 독립성을 침해당하는 것을 매우 두려워한다. 그렇기 때문에 이들은 자아의 경계선을 만들어놓고, 지키는데 강박적이다. 그 선을 침범하면 이들은 공격적인 태도를 취한다.

일반적으로 감정형, 사고형, 의지형을 가슴, 머리, 아랫배에 비유하기도 한다. 이들은 인체의 일부이고, 우리는 이들의 모든 유형을 공유한다. 단지 이들 가운데 어떤 유형이 지배적인지 하는 차이점이 있다.

2 에니어그램 성격유형의 이해

에니어그램이란 '에니어(ennea)'는 '아홉'이란 숫자를 말하고, '그램(gram)'은 '그래프'를 의미한다. 곧 에니어그램은 9가지 성격유형의 그래프를 말한다. 크게는 세 가지 감정형, 사고형, 의지형으로 분류한다. 그런데 왜, 이렇게 성격을 세 가지로 분류하는지 이론적으로 에니어그램에서는 밝혀주지 않고 있다. 그렇다보니 여기에 대한 심리학자들의 몇 가지 해석과 견해들이 생겨났다.

1 뇌과학적 이해

첫 번째는 뇌과학적 이해이다(Riso, 1999). 이점에 대해서 리소는 너무나 간단하게 3줄로 요약만하고 있어서 좀 더 상세한 해설이 필요하다. 에니어그램에서는 성격을 감정형, 사고형, 의지형으로 구분한다. 에니어그램의 성격을 세 축으로 구분하는 근거로서 뇌 과학적 관점을 소개하고자 한다. 다시 말하면 감정형, 사고형, 의지형으로 성격을 구분하는 것은 바로 인간의 세 종류의 뇌에 상응한다는 것이다. 인간의 뇌는 그 기능에 따라서 세 영역으로 구분된다. 그것은 바로 본능의 뇌, 감정의 뇌, 사고의 뇌가 그것이다.

첫째는 본능의 뇌이다. 척추와 연결된 가장 깊은 곳에 위치한 관계로 후뇌라고 한다. 호흡, 심장의 박동, 혈압조절과 같은 생명유지에 직접적으로 관여하기 때문에 생명의 뇌라고 한다. 생명이 위협인 상황에서 도망을 가거나 아니면 공격하는 본능과 직접 연결되어 있다. 이 뇌는 5억 전 고생대에 형성된 것으로 추정하고 있으며, 육지와 물속을 오고 가는 시대의 파충류 뇌라고도 한다. 이것은 인간뿐만 아니라 모든 생명이 공통적으로 갖추어진 뇌이다. 생명의 뇌가 손상을 받으면 뇌사상태가 된다. 생명현상을 유지할 수가 없다.

둘째는 감정의 뇌이다. 뇌의 중간에 위치하기 때문에 중뇌라고도 한다. 주로 희노애락의 감정과 관련된 기능을 담당한다. 감정은 파충류에게서는 발견되지 않고 주로 포유류에게서 발견되는 까닭에 '포유류 뇌'라고도 부른다. 인간의 뇌에서는 이 지역을 변연계라고 부른다. 변연계(limbic system)는 편도체(amygdala)와 해마(hippocampus)로 구성되어 있다. 변연계는 주로 공포와 불안과 같은 감정적 기억을 담당한다. 우리가 대부분 감정적으로 격한 경험을 잊지 못하고 기억하는 것은 바로 편도체와 해마의 기능이다. 편도체(amygdala)는 감정적인 기억을 담당하고, 해마(hippocampus)는 감정보다는 그 사건의 서술 기억을 처리한다. 첫사랑처럼, 감정이 고조된 기억은 감정은 물론이고 그 상황을 매우 생생하게 기억한다. 마찬가지로 어린 시절에 고통스럽게 경험한 상처나 성인이 된 이후에도 큰 사건과 함께 경험한 감정적 기억들은 모두 이후의 삶에 큰 영향을 미친다.

만약에 변연계가 손상을 당하면, 정서적인 학습과 기억을 담당할 수 없게 되어, 파충류와 같은 상태로 떨어진다. 반면에 변연계는 태어난 이후의 모든 기억을 저장하고 있기에, 인간의 감정적 행동에 일관성을 부여하지만 또한 쉽게 변화되지 않는 습성을 보여준다.

세 번째는 사고의 뇌이다. 이 부분은 인간의 뇌 가운데 가장 넓고 큰 부분을 차지한다. 현생 인류가 날카로운 발톱이나 재빠른 신체를 갖지 못함에도 고도의 문화를 일구면서 생존할 수 있었던 것은 바로 대뇌 피질의 역할이 결정적인 역할을 했다. 현생 인류를 호모 사피엔스 사피엔스(homo sapiens sapiens)라고 부르는 이유도 바로 대뇌피질의 존재에서 비롯된다.

사피엔스란 '알다'는 의미이니, 사피엔스 사피엔스는 '아는 것을 아는 것'을 말한다. 곧 대뇌피질은 정보를 모아서 판단을 하고 언어를 사용하여 정보를 체계화시킨다. 여기서 더욱 중요한 능력은 의사소통 능력이다. 대뇌피질은 아는 것을 아는 능력을 기반하여 지식을 체계화시킬 수 있을 뿐만 아니라, 그것을 소통하고 발전시키는 창조적인 능력을 가진다.

인간은 기본적으로 이들 세 가지의 뇌를 가진다. 에니어그램에서는 인간에게 3종류의 뇌가 있듯이 여기에 상응하는 성격적인 특징이 있다고 본다. 바로 본능의 뇌에 해당되는 '의지형', 감정의 뇌에 해당되는 '감정형', 대뇌피질과 연결된 '사고형'이 그것이다. 다만 본능의 뇌에 상응하는 성격적인 관점을 '의지형'으로 용어를 달리 사용한 것일 뿐이다. 본능이란 용어가 너무 생물학적인 용어로서 성격을 설명하기에는 적절한 용어가 아닌 까

닭이다.

인간에게 있어 이들의 세 종류의 뇌가 유기적으로 잘 작용하여야 건강하듯이, 인간에게 있어서 의지형, 감정형, 사고형이라는 성격이 동시에 작동한다. 이들은 서로 별개가 아니다. 인간의 전체성을 무시하고, 이들 가운데 어느 한 가지만 존재한다고 결정하는 방식은 결코 바람직한 방식이 아니다. 그래서 에니어그램 성격을 공부하는데 있어서 어떤 성격유형이 중심이고 어떤 유형이 보조나 날개로서 작용하는지를 유심히 살펴보는 일이 한 개인을 이해하는데 있어 매우 중요한 관점이다.

2 프로이트적 이해

에니어그램을 프로이트심리학으로 이해하려는 시도이다. 에니어그램에서는 성격을 감정형, 사고형, 의지형으로 구분하는데, 각각의 성격을 그대로 우리의 본질이라고 보지는 않는다. 이들은 모가 난 꼭지점들이다. 하지만 이들을 연결하는 전체의 원은 본질을 상징한다. 곧 성격은 우리의 본성, 영성과는 다른 적응적 성격을 가진다. 본성에 대한 방어적인 측면을 나타내는 성격은 진정한 자기는 아니라는 말이다. 성격(Personality)을 진정한 자신이기보다는 'Persona', 곧 가면, 가짜의 탈, 자신의 그림자라고 할 때, 이점에 대한 좀 더 구체적인 이해가 필요하다.

여기서 무엇이 진정한 자기이고 가짜의 탈이란 무엇인가 하는 점이다. 진정한 자기란 영적 측면을 가리키고, 가짜란 현실 속에서 적절한 반응적 측면을 나타낸다. 영적인 측면에서 보면 가짜이지만, 현실적인 관점에서 보면 적응이다. 그러면 현실적인 적응과 관련하여 살펴볼 때, 프로이트는 그것을 자아의 중요한 기능이라고 말한다. 물론 프로이트 이론을 그대로 에니어그램에 적용하는 것은 무리가 있지만, 리소(Riso, 2010)는 프로이트의 구강기, 항문기, 남근기에 비교한다. 물론 성격이 발달적인 측면을 가지고 있기에 유용한 관점이라고 할 수 있다. 하지만 본고에서는 성격이 자아기능과 연결된다는 점에 착안하여 에니어그램 성격을 현실적응과정에서 자아의 불안과 연결하여 해석한다.

성격의 의미로 사용되는 '가면'이란 프로이트 관점에서 보면, 정확하게는 '방어'이다.

가면은 자신의 진실을 감추는 일종의 방어이다. 왜 우리는 진실을 감추는 것일까? 존재하는 진실을 그대로 인정하는 일은 너무나 고통스럽기 때문이다. 진실을 인정하고 직면하는 일은 그 자체로 견디기 어려운 고통을 유발하기 때문이다. 고통을 느끼지 않기 위해서 우리는 다양한 가면을 쓴다. 프로이트적 관점에서 보면, 방어는 성격에 의한 심리 내적인 갈등, 고통이 직접적인 원인이라고 본다. 이런 심리 내적 자아의 갈등을 프로이트 학파에서는 보통 '불안'으로 설명한다. 이것은 세 종류가 있다.

첫째는 현실자아가 느끼는 불안이다. 고통스런 현실을 존재하는 그대로 지각하는 것에 대한 두려움, 불안이다. 사랑하는 아들이 이미 떠나간 현실을 인정하지 않고 거부하는 어떤 엄마의 경우가 이것이다. 외아들이 갑자기 죽었다. 어떻게 이것을 받아들일 수가 있을까? 미쳐버릴 것 같다. 어떻게 키운 아들인데. 이 고통스런 현실을 수용하지 못하고 거부하면서 아들의 죽음을 인정할 수가 없다. 아들을 대신할 무엇을 가짜로 만든다. 그것이 아들이라고 집착한다. 아들은 사라져버릴 대상에 대한 애착의 상징이다.

둘째는 신경증적 불안이다. 쾌락을 추구하는 충동에 대한 자아의 불안이다. 여기에 어떤 아이가 있다. 그는 달콤한 과자를 먹고 싶다. 그러나 그것은 금지가 되어 있다. 이것을 어길 경우에 처벌을 받는다. 그럴수록 더욱 달콤한 과자에 대한 열망은 강렬해지고 불안은 더욱 깊어진다. 그러나 과자를 먹고 싶은 표정을 내면 안 된다. 가면을 쓴다. 그래서 더욱 불안하여 신경질적이 된다.

셋째는 도덕적 불안이다. 에덴의 동쪽에 사과나무가 있다. 이 사과는 너무나 매력적이고 치명적인 자태로 유혹을 한다. 결국 몰래 사과를 따 먹었다. 이때도 우리는 가면을 쓴다. 이것은 내가 한 것이 아니다. 사탄의 유혹에 의해서 그렇게 죄를 범하게 만든 것이라고 가면을 쓴다. 하지만 금지된 항목을 범한 이것은 계속적인 도덕적인 수치심을 유발한다. 자꾸 불안해지는 슈퍼에고는 죄인인 자신을 끊임없이 처벌한다. 그래서 초월적인 존재에 광적으로 집착하게 된다.

이것들이 바로 방어기제를 만들어내는 심리 내적인 갈등이다. 갈등은 불안을 만들고, 고통스런 불안은 방어기제로서 성격을 형성시킨다. 에니어그램의 성격들은 프로이트적 내적 갈등으로 설명할 수가 있다.

첫째는 다른 사람과의 관계에서 친밀감을 유지하는 전략이다. 그러면 내적인 갈등을 감소시킬 수가 있다. 아주 친밀한 관계가 된다면 가짜의 나를 비난하지 않을 것이라는 막연한 기대감이다. 이것이 대인관계의 핵심된 전략이다. 이런 타입을 우리는 '감정형'이라 부른다. 감정적인 교류, 친밀한 관계형성을 중시하는 이들의 궁극의 목표는 사랑과 인정을 받는 것이다.

둘째로 갈등을 대처하는 방식으로 미래에 대해서 준비하는 것이다. 불안할 때, 어떻게 대처하는가? 자신을 관찰하여 보면, 여기저기를 돌아다니면서 일을 하고, 아니면 골방에서 인터넷을 통해서 정보를 모으거나, 아니면 조직이나 사람에게 매달리게 된다. 이런 것들이 모두 불안을 방어하고, 자신의 갈등을 해결하기 위한 끊임없는 생각들이다. 이런 타입을 우리는 '사고형'이라 부른다. 사고형은 궁극적으로 불안과 갈등이 없는 안전한 공간을 원한다. 그러나 사유 속에서는 이런 안전한 공간을 발견할 수 없기에 절망한다.

셋째는 갈등을 대처하는 방식으로 독자적인 영역을 확보하는 것이다. 자기 영토가 있다면, 결코 갈등과 불안하지 않을 것이라는 믿음이다. 자기영토를 침범당하지 않으면, 그만큼 힘을 가진다면, 불안하지 않을 것이다. 그래서 자기영토를 확정하고 누군가 침범하지 않았나, 자기 경계선을 강박적으로 지킨다. 우리는 이런 타입을 '의지형'이라고 부른다. 이들의 목표는 타인에 대한 영향력의 확대이다.

에니어그램에서는 이런 전략에 대해서 이렇게 묻는다. 당신은 어느 쪽인가? 당신의 내면을 살펴볼 때, 당신은 감정형인가? 아니면 사고형인가? 아니면 의지형인가? 당신의 내적 갈등과 불안은 어떤 종류인가? 이런 탐색을 통해서 성격을 넘어서 본질로 나아가고자 하는 것이 에니어그램 성격을 배우는 이유 가운데 하나이다.

3 불교 심리학적 이해

에니어그램과 불교심리학과의 관계를 많은 학자들이 지적한 바가 있다. 아마도 에니어그램이 동양적인 뿌리를 두고 있기 때문이 아닌가 한다. 이점에 대해서 레빈(J. Levin,

1999)은 에니어그램 심리학은 불교 심리학과 유사하다고 지적하면서, 애정[貪], 혐오[嗔], 망상[痴]라는 불교 심리학의 이해에 기초하여 에니어그램을 이해한다. 곧 애정은 감정형에, 망상은 사고형에, 혐오나 성남은 자신의 영역을 확장하려는 의지형에 대응한다. 하지만 본고에서는 접근을 달리하여 불교 심리학의 핵심 가운데 하나인 오온(五蘊)을 기반하여 에니어그램을 이해하고자 한다.

오온의 경전적인 의미는 초월적 존재의 부재와 무아(無我)를 증명하는 방식이지만, 또한 불교 심리학을 대변하는 교설이기도 하다. 인간이란 무엇인가? 그것은 색수상행식(色受想行識)의 오온의 구성물이다. 이것은 아래와 같이 세 영역으로 다시 분류할 수가 있다.

표1 **오온의 구성**

I	신체	색色; 신체와 행동
II	마음현상	수受: 느낌, 감정 상想: 사고, 생각 행行: 의지, 갈망
III	잠재의식	식識: 종자, 도식

위에서 보듯이 인간은 신체의 영역, 마음현상, 잠재의식의 부분으로 구별된다. 첫 번째 범주인 색(色)은 행동하는 신체의 영역이다. 이것은 세계와의 관계를 몸과 행동으로 나타내는 부분이다. 두 번째 범주는 마음의 현상이나 작용을 나타낸다. 한역으로는 마음에 소속된 현상이란 의미의 심소법(心所法)이라고 했다. 여기에는 수(受), 상(想), 행(行)의 세 영역이 있다.

수(受)란 감각과 느낌을 가리키며, 넓게는 감정의 영역을 포괄한다. 상(想)은 표상과 인식을 의미하며 넓게는 사유작용과 신념을 포함한다. 행(行)은 행위[業]의 주된 원인으로서 의도 혹은 의지를 말한다. 이것은 욕구나 충동을 포섭한다. 수상행은 마음현상의 세 유형이다.

세 번째의 영역은 잠재의식의 부분이다. 보통 의식[識]으로 표현되는데, 이것은 마음

자체를 가리킨다. 초기불교에서는 대상을 알아차린다는 의미에서 '의식'이란 용어를 자주 사용하였지만, 대승의 유식불교에서는 보다 확대 해석하여, 대상을 감각하는 의식과 그것을 분별하는 자아의식과 그런 정보를 저장하는 팔식의 '종자'로 세분화하였다.

이들 범주들 간에는 매우 밀접한 관계를 가진다. 신체는 심리적 상태를 표현하는 통로이고 그릇이다. 반대로 외부의 자극에 의한 신체는 마음현상에 물결을 남긴다. 그러나 이런 신체와 심리적인 현상의 상호작용은 바로 세 번째 범주인 잠재의식이란 뿌리로서 종자에 기반한다. 컴퓨터에 비유하여 말하면, 잠재의식은 C드라이브에 내장된 파일자료들이다. 이것이 모니터에 나타나면 감정, 생각, 의지라는 세 가지의 현상으로 나타난다. 이것이 바로 성격이다. 이것은 에니어그램의 감정형, 사고형, 의지형과 상응한다. 이들 마음의 세쌍둥이에 의해서 외부 환경과 상호작용하면서 행동을 하게 된다.

잠재의식은 과거의 경험내용으로서 신체와 마음현상의 공통된 기반이고, 연료이다. 의식의 부재는 신체와 심리적인 상태의 죽음을 의미한다. 마치 불의 본질이 뜨거움이듯이 마음, 의식의 본질은 분별이다. 분별된 마음은 마음현상에 그대로 반영되고, 세 종류의 마음현상은 다시 신체로 표출된다. 반대로 신체의 자극은 마음현상에서 해석되고, 이것은 다시 의식에 저장되어 기록된다.

이때 성격이 분별된 마음현상이라면, 명상은 마음현상을 존재하는 그대로 관찰하는 것을 말한다. 관찰은 대상을 '알아차리고', 그 대상이 '머물러서' 충분하게 경험하며, 그 대상의 변화를 '지켜보고' 그 본질을 통찰하는 과정을 말한다. 명상을 통해서 잠재의식, 마음현상과 신체를 관찰하게 되고, 명상은 거짓된 가짜의 성격적 특징을 벗겨내고, 영적 체험 그 본질로 나아가게 돕는다.

3 에니어그램 성격의 5범주 12하위 개념

오늘날 일반적으로 널리 사용하는 성격을 분류하는 요인분석은 5요인설이다. 요인분석이란 화학에서 물질을 구성하는 원소를 분류하듯이, 광범위한 성격적 특성을 구성하는 몇 가지 하위 요소로 구분하는 것을 말한다. 5요인 모델(five-factor model)은 신경증(N), 외향성(E), 개방성(O), 우호성(A), 성실성(C)을 말한다. 물론 본고는 에니어그램 성격에 대한 요인분석을 하는데 있어 5요인모델을 직접적으로 선택하지는 않는다. 그러나 일반적인 성격을 이해하는데 5요인 모델은 매우 많은 도움을 줄 뿐만 아니라, 에니어그램 성격을 분석하는데도 유용하다.

신경증(N)은 한쪽은 염려가 많고, 예민하고, 감정적이고, 불안정하며, 부적절한 성격적 측면을 보여준다. 다른 한쪽은 조용하고, 이완되어 있고, 이성적이고, 안정되고 자족적인 태도를 보여준다. 이 부분은 성격적인 측면에서 활력/침체의 역동적인 과정으로 이해한다. 성격이란 고정되어 있지 않고 인연에 따라서 끊임없이 유동성을 가진다는 의미이다.

외향성(E)은 한쪽은 사교적이고, 적극적이며, 수다스럽고, 낙천적이고, 재미가 있다. 다른 한쪽은 위축되어 있고, 침착하고, 담담하고, 은둔적이고, 조용한 특성을 보여준다. 이것은 외향/내향의 관점을 잘 보여준다. 성격은 이들의 상호작용이고, 인간은 양면을 모두 가진다는 의미이다.

개방성(O)은 호기심 많고, 창의적이고, 흥미가 다양하고, 상상이 풍부하고, 진보적인 측면을 보여주면서, 반대쪽은 흥미가 좁고, 관습적인 선택을 하고, 현실적이고, 보수적인 측면을 가진다. 이것은 성격적인 진보/보수를 나타낸다.

우호성(A)은 온유하고, 믿음직하고 아량이 넓고, 직설적이며, 성격이 좋다는 말을 듣는다. 반대쪽은 차갑고, 의심이 많고, 비협조적이고, 예의가 없고, 꽁한 측면을 보여준다. 성격의 건강한 측면과 불건강한 부분으로써 스트레스와 연결되어서 이해할 수가 있다.

성실성(C)은 믿을 만하고, 깔끔하고, 양심적이고, 조직화되고, 야망을 가진 것으로,

반대쪽은 믿을 수가 없고, 게으르고, 느슨하고, 목표가 없고, 쾌락 추구적 특징을 보여준다. 이것은 도덕적인 특성을 말한다.

성격의 5가지 요인은 가장 기본적인 성격의 요소를 말한 것으로, 전체적으로는 5×2=10개의 항목이 된다. 여기에 따라서 만들어진 성격검사지가 300개의 문항으로 이루어진 5요인 검사지(Five-Factor Inventory)이다. 이 검사지는 상담기관뿐만 아니라, 교육기관이나 기업체에서 교육적인 목적이나 인재의 선발을 위해서 활용하고 있다. 성격5요인에 대해서, 자신에게 해당되는 부분에 밑줄을 그어보면 간단하게 자신의 성격적인 특징을 파악할 수가 있다. 혹은 중요한 인물(가족, 회사, 친구)을 평가해보는 도구로도 활용할 수가 있다.

그러나 현실 속을 살아가는 개인들은 특정한 방식으로 항상 행동하는 것이 아니라 상황적 변화에 따라서 다양한 태도를 보여준다. 특히 상대방이 누구인가에 따라서 곧 대상에 대한 친밀성과 관계의 맥락에 의해서 그 행동이 다른 양상을 보여준다. 때문에 성격검사지를 절대적으로 평가할 수는 없다. 사실 성격에 대한 요인분석이나 성격검사지는 그것이 무엇이든지, 그 자체적으로 한계를 가진다. 개인에 대한 전체적인 경향성을 파악하는 참고자료로만 활용할 수 있을 뿐이다. 그런데도 자신과 자기에게 중요한 특정한 개인을 이해하는데, 중요한 관전 포인트를 제공한 점에서는 유용한 도구임에는 부인할 수가 없겠다.

성격이란 무엇인가? 이런 질문에 대한 해답을 찾고자 많은 연구자들이 노력을 해왔다. 물론 학파별로 연구의 주제가 다르다. 또한 시대에 따라서 그 관심된 이슈들이 달라졌다. 어떤 주제들이 논의되어왔는지, 지금까지 성격심리학에서 다루는 중요한 이슈들을 간단하게 몇 가지 살펴보면 아래와 같다.

- 무의식, 사회이론, 동기이론, 유형론, 행동, 자아개념, 스트레스 대처(2000, 안범희)
- 무의식, 자기개념, 인지, 정서, 행동, 성격장애, 성격의 변화(Pervin, 2003)
- 성격역동, 인지, 정서, 동기, 유전과 발달, 적응과 장애, 자기개념(민경훈, 2009)

이것은 성격을 연구하는 중요한 주제들이 어떻게 분포되어 있는지를 대략적으로 보여준다. 본고는 이런 기존의 이해를 바탕으로 성격을 이해하는 중심적인 주제로서 5범주 12하위개념을 상정한다.

첫째 범주는 '대인관계'이다. 이점은 적응적 측면에서 성격의 사회적인 관점을 말한다. 성격은 바로 대인관계에서 적극적으로 표출된다는 것이다. 성격은 특정한 대인관계의 맥락에서 의미가 있다고 보고, 그 하위개념으로 '사회성', '교류방식', '애착태도' 3하위개념을 둔다.

둘째 범주로 성격은 어린 시절부터 성장하면서, 환경과의 상호작용에 의해서 형성된다는 '경험내용'을 반영한다는 점이다. 유전과 환경의 이분법이 아니라, 상호작용에 의한 경험의 결과라는 점을 중시한다. 이런 경험내용이 성격을 형성하며, 구체적으로는 특정한 성격은 내적 종자로서 고유한 심리적 도식이 존재한다는 관점이다.

셋째 범주로 성격은 바로 '자기개념'이라는 점이다. 자기개념이란 별도로 존재하는 실체가 아니라, '신념', '감정', '동기'와 같은 심리적 현상을 하위개념으로 한다. 자기는 마음 현상에 대한 집착이나 동일시를 말한다. 정서적인 상태를 소유하는 별도의 자기가 존재하는 것이 아니라, 바로 신념이나 정서적 상태를 바로 자기라고 동일시한다는 관점을 유지한다. 이것이 마음현상들과 자기개념을 별도로 구분하지 않고 하나의 범주로 묶는 이유가 된다.

네번째 범주는 '성격역동'이다. 이 부분은 성격의 내적인 역동적 변화를 나타낸다. 이 것은 학파마다 다양한 관점에서 설명할 수 있는 측면이다. 대표적으로는 앞장에서 소개한 프로이트의 무의식이나 성격을 구성하는 5요인의 역동적 변화, 혹은 스트레스에 대처하는 개인의 독특한 양식을 말한다. 여기의 하위개념으로는 '대응', '위기', '모순'을 둔다. 대응은 공격, 회피, 억압과 같은 대처행동을, 위기는 적응적 실패로 말미암아서 불건강한 행동을, 모순은 빛과 그림자로서 상호 모순되는 성격적 행동을 말한다.

마지막으로 다섯 번째는 '성장과 본질'의 범주이다. 성격은 변화되지 않는다는 믿음을 나타내는 관점도 있지만, 필자는 성격은 끊임없이 변화하고 '성장'한다는 입장을 취한다. 현실적인 적응에 실패하여 이상성격을 나타내기도 하지만 계속적으로 노력을 한다면 결국은 영적 '본질'에 나아간다는 믿음이다.

결국 '성격을 어떻게 이해할 것인가?' 질문에 대해서 본고는 아래와 같이 5범주 12하위개념으로 설명한다.

표2 5범주 12하위 개념

Ⅰ.	대인관계	사회성, 교류방식, 애착태도
Ⅱ.	어린 시절	어린 시절의 경험
Ⅲ.	자아개념	감정, 신념, 동기
Ⅳ.	성격역동	대응, 위기, 모순
Ⅴ.	성장과 본질	성장, 본질

오늘날 에니어그램이 성격유형론으로 한정시켜서 이해하고 있는데, 필자는 에니어그램의 본래적 의미는 고착된 성격을 넘어서 해탈의 영적 본질로 나아가는 것이라고 본다. 적응적 수준에서 성격적인 이해와 개선도 물론 중요하지만, 이것도 역시 영적 본질로 나아가는 명상상담을 통해서 효과적으로 성취된다는 점을 강조한다.

본장의 내용을 간단하게 요약하면 이렇다. 에니어그램의 기본적인 성격분류에 대한 심리학적인 기반과 함께 성격의 하위개념을 확장하고자 하는 이론적 연구이다.

먼저 연구의 과제는 왜 에니어그램에서는 인간의 성격을 감정형, 사고형, 의지형으로 분류하는가 하는 문제이다. 이점은 에니어그램 자체에서는 설명하지 않고 현대 심리학과 결합되면서 제기된 것인데, 본고에서는 뇌과학적 입장, 프로이트 심리학, 불교심리학의 관점에서 해명하였다.

둘째는 성격의 요인분석으로서 하위개념을 어떻게 설정할 것인가 문제이다. 본고에서는 성격심리학자들의 견해를 분석하여 성격에 대한 이해를 5범주 12하위개념으로 분류하였다. 성격 5범주는 성격이란 '대인관계'에서 드러나고, '어린 시절'에 형성되면서 성격은 '자아개념'을 포함하고, 성격은 고정된 것이 아니라 상황에 따라서 '역동성'을 가지고, 정체된 것이 아니라 '본질'을 향하여 '성장'한다는 것으로 정의하고, 그 하위개념으로는 성장, 본질, 어린 시절은 그대로 같은 용어로 사용하고, 대인관계는 사회성, 교류방식, 애착태도, 자아개념은 동기, 감정, 신념, 성격역동은 대응, 위기, 모순 등으로 다시 분류하였다.

이런 분류체계가 기대되는 효과는 앞으로 에니어그램을 활용한 심리상담의 현장에서 상담절차를 결정하거나, 내담자의 진단 및 평가에 긍정적으로 작용하리라는 것이다.

에니어그램 성격유형별 행동특징

에니어그램의 성격은 감정형, 사고형, 의지형으로 구별된다. 감정형은 다른 사람에게서 사랑과 인정받는 것이 중요하다면, 사고형은 미래에 대한 불안으로부터 안전한 삶의 지침을 확보하는 것이고, 의지형은 자신의 영역을 지키면서 다른 사람에게 영향력을 행사하고자 한다.

본 장에서는 에니어그램의 성격을 구체적으로 행동별 특징을 앞장에서 설명한, 본12가지 하위 개념에 따라서 분류하는 것이다. 곧 성장과 본질을 비롯하여 대인관계로서 사회성, 교류방식, 애착태도, 어린 시절, 자아개념으로서 동기, 감정, 신념, 그리고 성격역동의 대응, 위기, 모순 등을 세부적으로 구분하여 기술하는 것이다.

이런 하위개념에 대한 분류는 상담전략을 세우고, 내담자의 행동을 평가하고 에니어그램 상담전략을 세우는데 기초적인 역할을 한다. 여기에는 먼저 감정형, 사고형, 의지형의 일반적인 특성을 설명하고 세부적으로 각 유형별 행동특성을 기술할 것이다.

1 에니어그램의 일반적 특징

1 감정 중심형

이들은 다른 사람과의 관계에서 감정적인 측면을 중시하며, 중심된 과제는 사랑과 인정을 얻는 것이다. 이것을 얻기 위해서 이들은 거짓된 자기 이미지를 만들어서라도 다른 사람들에게서 지지와 관심을 끌어오기를 바란다. 여기에는 세 가지 행동유형 혹은 집착 상태가 있다. 다른 사람을 도와줌으로써 자신을 좋아하도록 하는 2번, 능력을 발휘하여 무엇인가를 성취하는 3번, 특별한 자신만의 독특한 멋을 가져야 하는 4번이 그것이다.

<u>2번 유형</u>, 이들은 사람들과 잘 지내며 관대하고 자신의 감정을 잘 드러낸다. 이들은 내면에는 '나는 돕는다'는 의식이 자리 잡고 있으며, 실제로 그렇게 함으로써 자신을 가치 있는 사람이라고 느낀다. 하지만 다른 사람에게 잘 해주는 만큼 이들은 자신을 상대방이 알아주기를 열망하고 있기 때문에 그렇지 못하면 크게 실망하여 오히려 소유욕이 강하여 진다. 이렇게 되면 부드러운 이들이 거칠어지고 무뚝뚝하게 변하면서 상대방을 통제하려들기도 한다.

<u>3번 유형</u>, 이들은 성공 지향적이며 적응이 뛰어나고 사람들로부터 존경을 받는다. 이들은 가정과 사회에서 성공을 바라기 때문에 목표를 세우고 많은 노력을 경주한다. 이들은 '나는 성공한다'는 자기이미지를 가지고 자신의 능력을 신뢰하고 재능을 개발할 줄을 안다. 하지만 사회적인 지위나 물질적인 성취라는 외적인 이미지에 너무 집착하여 진정으로 자신이 원하는 것이 무엇이며 자신의 진짜 감정이 무엇인지를 모르는 경우가 있다.

<u>4번 유형</u>, 이들은 자신만의 독특한 멋을 가져야만 한다고 믿는다. 그래야 사랑과 주목

을 받는다고 본다. 이들은 '나는 특별하다'는 것에 자기의 정체성을 두고, 다른 사람과의 차별에서 보람을 찾는다. 하지만 이들은 역설적으로 아무도 자신을 이해하고 사랑하지 않는다고 생각하고 우울해하며, 자신에게는 특별한 재능과 어떤 결함이 있다고 느낀다. 이들은 이런 식으로 자신의 내면에 빠져 있으면, 변덕스럽고 표현이 극적으로 변한다.

감정중심인 이들 세 유형은 공통적으로 자신이 사랑과 인정을 받지 못할까 하는 두려움과 함께 자신에 대해서 공허감과 수치심을 느끼며, 다른 사람의 반응에 과도하게 관심을 쏟다가, 신경질적으로 변하면서 자신의 정체성을 상실하는 경우가 많다.

2 사고 중심형

이들은 사유하기를 좋아하는 타입으로, 미래에 대한 불안감을 가지고 있기에 자신감을 확보할 안내와 정보를 원한다. 이들은 고요한 마음이 결여되어 마음이 끊임없이 재잘거리며, 삶에서 발생되는 불안문제로 인하여 안전한 무엇을 분주하게 찾는 경향이 있다. 여기에는 다시 새로운 경험을 추구하는 7번, 권위에 충실한 6번, 지식에 의존하는 5번, 세 가지 유형이 있다.

7번 유형, 이들은 세상 속으로 뛰어드는데 주저하지 않는다. 두려움과 불안감에 사로잡히면, 이들은 외향적이고 모험을 즐기는 쪽을 선택한다. 이들은 '나는 즐거워'라고 말하면서 쾌활하고 늘 바쁘게 지낸다. 이들은 재미있는 것을 추구하며 어린아이처럼 호기심이 많고 모험심을 가지고 세상에 나아간다. 이들은 생각이 늘 앞서 가기 때문에 좋은 아이디어를 재빠르게 내놓는다. 하지만 이들은 지루한 일에서 인내하지 못하는 자신을 어떤 틀 속에 묶어두려고 하지만 오래 견디지 못하고 좌절감을 느끼면서 심각해진다.

6번 유형, 이들은 '나는 충실하다'고 말한다. 실제로 이들은 여러 성격 유형들 가운데 친구나 자기 신념에 가장 충실한 사람들이다. 이들은 험난한 삶의 현장에서 자신감이 부족하기 때문에 조직이나 신념 등에 의존하고 외부의 도움을 청하고 묻는 경향이 있다. 하지만 확신할 수 없는 내적인 자기의심을 가진다. 이들은 다른 사람에게 통제를 당하는 것을 두려워하지만, 자신이 책임을 떠맡는 상황도 싫어한다. 항상 자신의 내적인 불안을 의식하고 불안을 막을 수 있는 안정망을 구축하려 한다.

5번 유형, 이들은 불안감으로부터 움츠러들어 자신만의 안전한 장소에서 세상에 뛰어들 만큼 충분한 기술과 정보를 얻는데 노력한다. 이들은 '나는 안다'고 할 때 자신감을 얻는 탐구자이다. 항상 무엇인가를 배우고 세상에 대한 정보를 수집하여야 한다. 모든 일에서 이론적인 설명을 얻기를 원한다. 삶의 현장에 뛰어들지만 곧 실망하고는 한 걸음 물러나 관찰자로서 그 상황을 탐색하고, 이해하는 일을 더 중요하게 생각한다. 이들은 자신만의 은신처를 갖기를 원하고 최소한 한 분야에서 전문가의 수준이 되어야 한다. 그래야 자신이 능력 있는 사람이며 세상과 연결되어 있다고 느낀다.

사고형인 이들은 생각이 많아서 오히려 더욱 불안해진다. 불안할 때 이들은 자신을 지켜줄 무엇인가를 찾는다. 하지만 여기에도 쉽게 만족하지 못하기 때문에 이들은 공통적으로 초조하고 불안한 망상증에 시달린다.

3 의지 중심형

이들은 자기보존에 큰 관심을 가진다. 이들은 세상으로부터 영향을 받지 않는 자신의 영역을 확보하는데 에너지를 쏟는다. 이들은 자기 영역이 침해를 받거나 추구하는 이상이 좌절되면 분노가 표출되는데, 여기에는 세 종류의 행동양식이 있다. 자신을 직접적으로 표현하는 8번, 일단 참았다가 나중에 쌓이면 표출하는 1번, 급한 상황이 아니면 표현을 잘 하지 않는 9번이 그것이다.

8번 유형은 에너지가 밖으로 향하기에 가장 도전적인 태도를 취하지만 내면으론 약함에 대한 두려움을 가진다. 이들의 힘의 본질은 갈망이다. 이들은 '나는 강하다'는 말로써 자신을 강화시키다. 이들은 남을 지배하는 것을 좋아하는 도전자이고, 자신의 활동력을 세상에서 펼칠 때 그 가치를 느낀다. 그래서 자신의 부드러운 내적인 감성을 억압하여 불편한 대인관계를 만들어내곤 한다.

9번 유형은 평화를 추구하려는 노력이 강하다. 이들은 '나는 편안하다'는 것으로 갈등에서 자신의 의견을 표현하지 않고, 침묵함으로써 자신을 방어한다. 이들은 내적이나 외적으로도 평화를 추구한다. 느긋하고, 수용적이고, 남에게 위안을 잘 준다. 하지만 이들은 자신의 욕구나 의지를 분명하게 주장하지 않고 상황이 되어가는 대로 따르기 때문에, 결과적으로 자신은 혼란스럽고 우유부단하여 답답함을 느끼는 경우가 많다. 하지만 이들이 자신의 독자적인 의견이 없고, 자신의 필요를 잘 인식하지 못한다는 의미는 아니다.

1번 유형은 에너지 방향이 내면으로 향하여 이상과 절제의 미덕을 가진다. 이들은 '나는 옳다'는 의식을 가지고 있기에 다른 사람을 고치려는 경향이 있지만, 사명감이 높고, 개혁가이며, 이상을 실현하기 위해서 끊임없이 노력하는 활동가이다. 원칙과 절제를 강조하는 이들은 본능적 충동에 대해서 저항하고 억압하여, 자신의 감정을 잘 표현하지 못하는 경향이 있다. 하지만 내면에 축적된 분노가 일시적으로 표출되어서 상대방에게 상처를 주게 되는데, 이것 때문에 이들은 다시 자신을 자책하여 우울해지곤 한다.

이들은 공통적으로 고집이 세고 의지가 강하다. 다른 사람에게 자신의 독립성을 침해당하는 것을 매우 두려워한다. 그렇기 때문에 이들은 자아의 경계선을 만들어놓고, 지키는데 강박적이다. 그 선을 침범하면 이들은 공격적인 태도를 취한다.

2 각 성격유형별 행동특징

각 유형별 행동특징은 범주로는 대인관계, 어린 시절, 자아개념, 성격역동, 성장과 본질 등의 5개 영역으로 구별되고 그것은 다시 본질, 사회성, 교류방식, 성적태도, 어린 시절, 중심신념, 중심감정, 중심동기, 대응행동, 위기, 모순, 본질 등 총12 항목의 하위개념으로 분류된다.

1 번 성격 개혁하는 사람

1 **본질** 이들은 높은 이상을 실현하기 위해서 끊임없이 노력하는 활동가이다. 이들의 본질은 순수한 완벽이다. 이들은 이것을 고결함이라고 부른다. 하지만 이것은 깊은 내적인 평화와 깨어있음에서 비로소 발현된다.

2 **사회성** 이들은 사회적인 질서를 준수하는 모범생이면서, 현실을 그냥 두기보다는 바꾸어야 하는 개혁자이다. 이들은 사회적인 문제에 관심이 많으며 잘못된 일을 밝혀내고, 불의에 대해서 참지를 못한다. 그래서 선생님 역할을 좋아한다.

3 **교류방식** 이들은 자신의 견해가 옳다고 여기기 때문에 이런 신념이 강할수록 상대방을 가르치려들고, 나아가서는 고쳐주어야 한다고 느낀다. 이들은 항상 원칙을 강조하여 위엄 있고 진지하지만, 그만큼 융통성이 없어 어른대 아이로 교류하게 된다.

4 **성적(애착) 태도** 이들은 완벽한 사랑을 원한다. 하지만 이것은 현실에서는 이룰

수가 없는 이상으로 만성적인 외로움에 시달릴 수가 있다. 이들은 사랑하는 사람도 자신과 동일하다는 막연한 인식을 가지고 있기에 실망을 느낄 때는 상대방에게 자신의 기준을 강요하는 경향이 있다.

5 어린시절 이들의 성격은 주로 아버지와의 관계에서 비롯된 측면이 강하다. 이들은 스스로가 아버지의 역할을 해야 하는 상황에서 지나친 책임감을 느꼈거나 아니면 아버지와 자신을 동일시하는 경험을 가진다. 이런 성향은 스스로에게는 독립적 인간이려고 노력하지만, 상대방에 대해서는 고집 세고, 비판적이었다.

6 생각(신념) 이들은 '자신이 옳다'는 신념을 가지고 있다. 이들은 항상 스스로 규칙을 만들고, 옳고 그름을 판단하려 한다. 무의식적으로 자신이 아버지의 상징을 대신하려 한다. 그래서 무엇인가 옳은 일을 해야 하고 중대한 사명감을 가졌다고 느낀다.

7 갈망(동기) 이들은 완벽함에 너무 집착되어 있기 때문에, 작은 실수에도 수치심을 느끼며, 다른 사람의 견해를 받아들이기가 힘들다. 이점은 자신에게 엄격하여 끊임없이 노력하게도 하지만, 일에만 매달려서 스스로를 힘들게 만든다.

8 감정 이들은 분노와 좌절을 자주 경험한다. 이들은 자기 신념에 대해서 강한 믿음을 가지고 있기에 그것에 조금이라도 어긋나면 쉽게 화를 낸다. 자신에 대해서도 이점은 마찬가지이다. 자신의 이상만큼 잘 살지 못한다는 사실에 좌절감을 느낀다.

9 대응행동 이들은 한가롭게 그냥 시간을 보내지 못하며, 상대방에게 일을 잘 맡기지 못한다. 설사 맡긴다하여도 끝내는 간섭하거나 본인이 다시 처음부터 시작하곤 한다. 그리고 자신의 내면에는 분노가 쌓여가지만 이것을 인식하지 못한

다. 이런 식으로 긴장상태를 유지하기 때문에 이들은 늘 표정이 굳어져 있고, 너무 진지하여 농담을 즐기지 않는다.

10　위기　이들은 감정을 느낀 만큼 자신을 표출하지 못하고 억압한다. 하지만 한계에 이르면 감정을 격렬하게 표출하여 상대에게 상처를 주는 경우가 많다. 이때는 아주 독선적이고 고집이 세어져서, 타협과 양보를 모른다. 스스로를 통제할 수 없는 상태에 빠진 이들은 후회와 자책하지만, 이것으로 인하여 심한 우울증을 겪는다.

11　모순　이들은 쾌활한 7번과 우울한 4번 사이를 왕래한다. 이들은 자신을 너무 몰아세우기 때문에 의무감과 책임감으로 짓눌려 있다. 이럴 때에 억압이 심해지면 4번처럼 견디지 못하고 벗어나고 싶은 충동에 사로잡힌다. 하지만 일이 자신이 원하는 잘 풀려서 긴장감이 사라지면, 7번처럼 낙천적으로 변하면서 상대방의 의견을 받아들이고 세상과 타협하는 태도를 취하게 된다.

12　성장　이들은 자신과 세계에 대해서 너무나 엄격한 기준을 들이내밀기에 우선은 판단을 멈추는 방법을 배워야 한다. 자신의 견해가 언제나 옳지는 않다는 사실을 빨리 깨닫게 되면 훨씬 편안하게 될 것이다. 또한 적극적으로 상대방을 배려하고 현실을 존재하는 그대로 수용하는 방법을 배울 필요가 있다.

1 본질   이들의 본질은 조건 없이 주는 보시이다. 이들은 다른 사람에 대해서는 순수한 사랑을 베푸는 능력이 있다. 그럼으로써 자신을 가치 있는 사람이라고 느낀다. 하지만 이들은 상대방이 아닌 자신에게서 만족하는 방법을 터득하여야 한다.

2 사회성   이들은 쉽게 다른 사람과 친해지는 장점이 있다. 다른 사람에게 칭찬, 아첨 등을 할 줄도 알며, 다른 사람에게 주의를 기울여 관심을 표현하여 친밀감을 형성하는 재능을 가진다.

3 교류방식   이들은 다른 사람과 쉽게 사귀는 만큼, 그들과 특별한 친구, 친밀한 관계를 유지하려 한다. 이들은 다른 사람이 자신과 비밀을 나누고, 가장 친구로 남기를 바란다. 이들은 대체로 다정한 대화를 즐기지만 상대방을 돕고자 하면서 조언을 아끼지 않는다.

4 성적(애착) 태도   이들은 사랑을 하게 되면 상대방에게 과도하게 집착하여 상대방이 자신을 사랑하고 있다는 사실을 자꾸 확인하려 한다. 사랑을 자주 표현하는 것을 좋아하고, 또한 상대방도 사랑을 적극적으로 표현하는 것을 원한다. 상대방이 별로 관심이 없는 듯이 보이면 더욱 그 사람에게 관심을 쏟는다. 이런 점이 점차 강력해지면 질투심과 함께 소유욕이 강하게 일어남을 경험한다.

5 어린시절   이들은 대부분 가족을 보살피는 것을 자기의 일이라고 느끼고, 빨래, 요리, 청소를 하면서 행복해 한다. 이들은 다른 가족의 희망이나 필요를 빨리 알아차리고, 그들이 원하는 것을 가족 내에서 자신의 위치를 확보하는 지혜를 터득한다.

6 생각(신념) 이들의 중심신념은 사랑과 지지를 얻기 위해서는 '먼저 주어야 한다'고 믿는다. 이것은 어린 시절부터 형성된 것인데, 예를 들면 어릴 때 옆집아이와 놀고 싶어서 자기의 귀중한 장난감을 그에게 주는 것과 같다. 이들에겐 사랑은 주어진 것이 아니라, 얻기 위해서는 열심히 노력해야 한다고 믿는다.

7 갈망(동기) 이들은 다른 사람에게 자신이 사랑받지 못하는 가치 없는 존재라는 두려움이 무의식 속에 가로놓여 있다. 그래서 자신보다는 다른 사람을 항상 먼저 생각하는 버릇이 있다. 이로 말미암아 그들은 예의바르고 친절함의 덕을 발전시켜 왔다. 하지만 다른 사람에게 잘 해주는 만큼 소유욕도 강하다.

8 감정 이들이 자주 느끼는 감정은 '자부심'이다. 이는 다른 사람을 도와주는 자기역할에서 발생된 것이다. 하지만 이것은 자신의 가슴에서 오는 것이 아니라, 외부와의 관계에서 오는 것이기 때문에, 꾸며진 허상으로 수치심을 가진다.

9 대응행동 이들은 자신이 도와준 만큼 되돌아오지 않으면 배신감과 함께 화가 난다. 그래서 자신은 결국은 희생자라고 여기면서 슬픔에 젖는다. 하지만 이것이 더욱 강해지면 상대방을 자신의 필요와 요구를 강력하게 요구하기도 한다. 하지만 이런 경우는 대부분 건강하지 못한 행동을 하게 된다.

10 위기 이들은 대체로 건강하고 친절하며 온화하지만, 기대가 어긋나거나 불안이 강해지면 상대방에게 실망과 '배신감'을 느끼며, 표정이 무뚝뚝해지면서 차가워진다. 이런 상태가 되면 이들은 8번처럼 상대방을 거칠게 공격하여 통제하려고 한다.

11 모순 이들은 거친 8번과 자유 분망한 4번 사이를 왕래한다. 이들은 상대방의 요청을 거부하지 못하고 나중에는 많은 어려움을 겪게 되는 상황에서 배려해온

바에 미치지 못하면 이들은 8번처럼 차가워지면서 공격적이 될 수가 있다. 반대로 자신의 배려가 만족이 되고 자신에게 자긍심이 생겨나면 이들은 4번처럼, 부드럽고 자유로운 삶의 기쁨을 느낀다.

12　성장　이들의 신념이 '먼저 주어야 한다'는 것이기 때문에, 이들은 자신의 필요를 직접적으로 표현하고 요구하는것을 힘들어한다. 이들이 자신의 필요와 욕구를 접촉하지 못하여 힘들어하고 설사 그것을 인식한다고 하여도 억압하여 스스로를 피곤하게 만드는 경향이 있다. 이들은 자신이 돕는 일에 열중할 때 그것이 갖는 의미와 동기를 통찰하는 연습과 더불어서, 자신의 필요와 바람을 직접적으로 표현하는 훈련을 할 필요가 있다.

3 번 성격 성취하는 사람

1 **본질** 이들의 본질은 자신에게 진실하며, 다른 사람에 대해서 겸손함이다. 하지만 평균적으로 이들은 이런 덕성이 결핍된 경우가 많다. 진실은 거짓으로 위장될 수 있고, 겸손은 성취를 통한 오만으로 자라날 수 있다.

2 **사회성** 이들은 사회 속에서 성공을 바란다. 자신에게는 발전하고 있다는 느낌과 함께 다른 사람들의 인정을 필요로 한다. 사회적인 역할을 통해서 이들은 자신감을 얻기 때문에 이들은 적응이 뛰어나고 사람들로부터 존경을 받는다.

3 **교류방식** 이들은 어떻게 효과적으로 일을 했는지를 다른 사람에게 말하기를 좋아하고, 상황과 친구에 따라서 적절한 태도를 취하는 능력을 가진다. 그럼으로써 무엇이 좋은지를 상대방에게 설득시켜서 인정을 이끌어내려 한다.

4 **성적(애착) 태도** 이들은 사랑을 하게 되면 자신의 매력적인 이미지를 가꾸는 데 많은 시간을 보낸다. 이들은 아름다워지기 위해서 최고의 옷을 입고 좋은 집에서 살아야 한다고 생각한다. 하지만 친밀한 관계를 유지하려는 노력도 하지만 감정적으로 너무 깊이 내려갈까 두려워한다.

5 **어린시절** 이들은 어릴 때부터 사람들 앞에서 잘 하는 법을 배웠고, 거기서 자신의 존재를 느꼈다. 물론 가족들은 이들이 무엇을 잘 하면 무척 기뻐하면서 그것을 강화시켜 주었다.

6 **생각(신념)** 이들의 중심신념은 성공해야 한다는 믿음이다. 이들은 성공에서 자신의 정체성을 확인한다. 이들은 가정과 사회에서 성공을 바라기 때문에 목표를 세우고, 그것을 '효과적으로' 성취하기 위해서 많은 노력을 경주한다.

7　갈망(동기)　이들은 자신의 가치를 자신이 얼마나 성공하느냐에 둔다. 그저 빈둥거리지 못하고, 자신을 채찍질하여 모든 일에 열심히 노력하게 한다. 이들은 경쟁적이고 목표 지향적이어서 실패를 두려워한다.

8　감정　이들이 효과적으로 일을 성취하고 그것을 통해서 주목받기를 원한다. 그래서 본인은 항상 잘 해야 한다는 강박에 비례해서 '공허감'과 '수치심'을 느낀다. 왜냐하면 주목받는 일에는 일종의 속임수가 존재하기 때문이다. 진정한 자기 모습과 사람들에게 보여지는 모습 사이에서 거리가 있어서, 다른 사람과 친밀해 질 수가 없다. 이들은 자신이 얼마나 외로우며 공허한지 다른 사람들이 알지도 모른다는 두려움을 가진다.

9　대응행동　일과 성공에 초점이 맞추어진 이들은 자신이 가치가 있고, 다른 사람에게 눈에 뜨일 정도로 빛나는 최고라는 사회적인 역할을 원한다. 하지만 이것은 언제나 다른 사람과의 비교를 통해서 이루어지기 때문에, 상대방에 대해서 시기심과 적대감을 드러내며, 자신을 경쟁 속으로 내몰아 낸다.

10　위기　이들은 대체로 자신을 신뢰하지만, 경쟁이 심해지면 그 긴장감을 내려놓아, 9번처럼 일을 뒤로 미루고 게으름을 즐기는 길을 선택하기도 한다. 하지만 이것도 오래가지 못하고, 실패와 좌절이 더욱 심해지면 무기력해지면서 현실을 회피하려는 경향도 보여준다.

11　모순　이들은 느긋한 9번과 충실한 6번 사이를 왕래한다. 이들은 항상 성공과 효과적인 결실을 원하지만 그것은 진정으로 자신이 무엇을 원하는지 알지 못하기에 만족스럽지 못하다. 이러한 때 이들은 9번처럼 무기력함을 느끼며 공상 속에서 꿈꾼다. 하지만 자신의 거짓된 이미지를 자각하고, 자신의 감정에 접촉하는 방법을 배우면, 이들은 건강한 6번처럼 자신에게서 진실과 겸손을 배우며 다

른 사람의 도움을 받아들일 줄도 알게 된다.

12   성장   이들은 너무 많은 일을 하기에 자신에게 중요한 일을 망각하거나 소홀히
한다. 때문에 자신이 진정으로 원하는 것이 무엇인지를 아는 일은 중요하다. 또한
성공과 효율에 초점이 맞추어져 있기에 아무 일도 없이 조용하게 앉아 있는 명상은
매우 힘들다. 하지만 명상을 통해서 이들은 진실과 겸손을 배우게 되고 무엇보다도
자신의 내면에서 휴식하는 방법을 터득한다면 매우 행복해질 것이다.

1   **본질**   이들은 삶에서 깊은 내면의 세계를 탐색하는 것을 즐기며, 깊은 직관력으로 창조적인 영감과 기쁨을 찾는다. 그럼으로써 자신과 자연 속에서 예술적인 아름다움을 발견하여 간다.

2   **사회성**   이들은 사회적으로 아웃사이더들이다. 이들은 자신의 독특한 개성을 발전시켜왔기에, 대부분 예술적인 감각과 문학적인 표현에 대한 섬세한 감수성을 가진다. 하지만 다른 사람과의 관계가 원하는 만큼 잘 이루어지지 않아 열등감을 가진다.

3   **교류방식**   이들은 자신이 다른 사람과 어떻게 다른가에 중요한 관점을 둔다. 이들은 대개 예술가들처럼 특별한 감각을 지녔고, 그것을 자랑스럽게 여긴다. 때문에 일을 할 때 자신의 아이디어가 받아들여지지 않으면, 그곳에 전념하기가 힘들다.

4   **성적(애착) 태도**   이들은 매우 열정적이고 낭만적인 사랑을 원한다. 자신의 독특한 개성을 인정하여 주고, 자신의 열등감을 구해줄 상대방을 찾는다. 이들은 연약하면서도 매우 공격적인 성향을 가진다.

5   **어린시절**   이들은 아주 어릴 때부터 혼자 놀고 혼자 해결책을 찾았다고 말한다. 동생이 태어난다든지 어떤 이유로 말미암아 이들은 버려진 느낌을 자주 경험하였다. 그래서 상처와 절망감에 너무 사로잡혀, 자신은 가족과는 다르다고 느낀다. 한편으론 이들은 자신의 연약함, 과민함을 이용해서 상대방을 조정하려고도 한다.

6 생각(신념) 이들은 자기의 정체성을 다른 사람과의 차별에서 찾는다. 이들은 '나는 나다', '아무도 나를 이해하지 못한다'고 말하면서 자기 안으로 닫혀 있다. 그럼으로써 다른 사람과 차별화를 시도하고 그런 특별함에서 자부심을 느낀다. 하지만 그만큼 이들은 자주 외로움을 느낀다.

7 갈망(동기) 이들의 정체성은 감정에 기초하여 형성한다. 감정은 자주 변하기 때문에 이들은 혼란스럽고 변덕스런 자신의 모습을 경험하곤 한다. 이때 이들은 각각의 감정을 그 자체로 수용하지 못하고, 특정한 감정을 자신과 동일시하여 그것을 즐기는 경향이 있다.

8 감정 이들에게는 만성적인 외로움이 있다. 어디엔가 속하고 싶은 강한 열망과 함께 상실감을 가지고 있어서 다른 사람에게 시기심을 가진다. 자신은 결함이 많고 완성되지 못했다고 생각이 들면, 이들은 사람들로부터 초연하여 거리를 유지하려 한다.

9 대응행동 이들은 지나치게 민감하여 다른 사람에게는 별것도 아닌 말에 아주 감정적인 반응을 한다. 이들은 별 의미 없는 말에도 모욕적으로 받아들여서, 협조하지 못하고 적개심이나 서운한 감정을 가지는 경우가 있다.

10 위기 이들은 우울한 감정과 자신을 동일시하기 때문에, 화가 나는 상황에서도 우울한 감정을 먼저 경험한다. 이들은 자기 내면으로 움츠러든 만큼, 공격적이고 분노를 느낀다. 하지만 2번처럼 상대방을 위로하면서도 조정하려는 경향도 있다.

11 모순 이들은 이성적인 1번과 사람들을 잘 돕는 2번 사이를 왕래한다. 1번 성향이 강해지면 이들은 매우 사색적이고 현실적인 원칙을 강조하게 된다. 이때는 감

정으로부터 벗어나서 자신을 그대로 인정하게 된다. 하지만 상황이 힘들면 혼자 지내려 하고 더욱 악화되면 2번처럼 상대방에게 친절해지지만, 변덕스럽다.

12 성장 이들은 다른 사람과는 다른 자신의 개성을 보호하고 외로움을 보상받기 위해서, 현실보다는 자신만의 공상과 상상 속에서 자신의 감정을 강화시키는 경향이 있다. 이들이 성장하기 위해서는 본인의 이런 성격패턴을 알아차리고 현실을 존재하는 그대로 수용하는 방법을 배워야 한다.

5 번 성격 탐구하는 사람

1   **본질**   이들의 본질은 깨달음이다. 자신 내면에 있는 자각의 힘을 믿고 신뢰하면서 지식을 추구하지만, 바로 이런 지적인 개념으로부터 자유로워질 때, 이들은 본질에 도달하게 된다.

2   **사회성**   이들은 거친 현실에 참여하기보다는 한 걸음 물러나서 관찰하고 지식을 내면화하여 자신감을 얻는다. 이들은 자신만의 은신처를 갖기를 원하고 최소한 한 분야에서 전문가의 수준이 되어야 한다. 그래야 자신이 능력 있는 사람이며 세상과 연결되어 있다고 느낀다.

3   **교류방식**   이들은 논쟁을 좋아한다. 자신의 아이디어는 심리적인 안정감을 주는 유일한 원천이기에 열정적으로 그것을 방어하고 주장한다. 한편으론 이들은 다른 사람의 아이디어를 날카롭게 비판함으로써 자신이 지적으로 우월함을 증명하려는 경향도 있다.

4   **성적(애착) 태도**   이들은 스스로 고립된 만큼 사랑을 하게 되면 이상적인 동반자를 찾고, 매우 강렬한 관계를 원하게 된다. 하지만 자신이 적절한 방식으로 인정되지 못했다고 느끼면 다시 고립을 선택한다.

5   **어린시절**   이들의 어린 시절은 몸을 격렬하게 움직이는 운동을 좋아하지 않았다. 하지만 대체로 이들은 학교에서 항상 우등생이었으며, 가족들과 떨어져서 자기만의 장소로 숨어들어, 혼자서 보내는 시간이 많았다. 이들은 성인이 된 후에도 책벌레라고 불리 울 만큼 책 속에 파묻혀 지낸다.

6   **생각(신념)**   이들은 탐구하는 사람으로서 앎이 힘이라는 신념을 가진다. 항상 무

엇인가를 배우고 세상에 대한 정보를 수집하여야 한다. 모든 일에서 이론적인 설명을 얻기를 원하는 관찰자로서 그 상황을 탐색하고, 이해하는 일을 더 중요하게 생각한다.

7 갈망(동기) 이들은 공허감과 불안을 회피하는 수단으로 정보를 모은다. 그래서 충분하게 준비상태에 되어 있지 않으면 행동을 개시하지 않는다. 이들은 여전히 안내와 정보를 수집하고 연습을 더 해야 한다고 느낀다. 하지만 이들은 자신의 내면에 깊게 도사린 세계에 대한 불신을 자각하지 못하는 경우가 많다.

8 감정 이들이 아무도 모르는 정보와 지식을 모으고 발견함으로써, 자신만의 은둔처를 가지려 한다. 이것은 자신이 속한 사회로부터의 의도적인 고립을 선택한 것으로 그것에 많은 시간을 쏟으면서 자신과 다른 삶의 길이 있다는 사실을 깨닫지 못한다.

9 대응행동 이들은 주변 사람이나 환경 때문에 지치게 되면, 반사적으로 자신의 감정과의 연결을 벗어나서 자신의 생각 속으로 움츠린다. 현실을 그 자체로 경험하기 보다는 어떤 이론이나 지적인 개념으로서 파악하려는 경향이 있다.

10 위기 이들은 대체로 불안이 증가하면 세상과의 연결고리를 스스로 끊어버리고, 냉정해지면서 자신만의 골방으로 도망친다. 이때 이들은 의도적으로 사람들을 회피하여 스스로를 고립화시킨다. 자신의 욕구와 감정을 깊이 억압한다. 이들은 자신의 위치가 세상에서 존재하지 않을까를 걱정하면서도 상대방을 상상으로 공격하지만 두려움에 시달린다.

11 모순 이들은 산만한 7번과 결단력 있는 8번 사이를 왕래한다. 세상의 불안에 대처하기 위해서 고립된 이들은 지식과 정보를 모으면서 대부분 혼자 지내기를

좋아한다. 이것이 어느 정도 성공하면 이들은 자신감을 회복하면서 8번처럼 도 전적인 태도를 취한다. 하지만 이것이 실패하면 7번처럼 새로운 경험을 구하려 고 밖으로 나가보지만 실망하여 점점 고립되고 냉정해진다.

12 성장   이들은 가슴으로 느끼는 것을 본능적으로 싫어한다. 슬픔과 외로움을 느 낄 때, 이들은 지식을 모으면서도 피해의식에 젖어 괴상한 공상을 하게 된다. 이들 이 성장하기 위해서는 자신의 가슴에서 느껴지는 감정을 억압하지 말고 충분하게 경험하면서 스스로 선택한 고립을 벗어던지고, 다른 사람과의 의미 있는 관계를 만 들어 가야 한다.

6 번 성격 충실한 사람

1 **본질** 이들의 본질은 두려움과 의심을 극복함으로써 드러난다. 그것은 명상과 기도를 통해서 이루어진다. 명상은 두려움을 극복하고 심리적인 안정감을 가져다주며, 기도는 내면의 믿음으로써 본래적 자기성품에 대한 신뢰를 동반한다.

2 **사회성** 이들은 인정과 동의를 주변사람에게서 찾는다. 소속된 단체에 충실하며, 다른 사람과 협력을 잘하고, 작은 일에도 세심한 주의를 기울인다. 하지만 이들의 내면에는 너무 많은 생각과 사람들이 있어서, 다양한 의견과 관점들에서 쉽게 결정을 내리지 못한다. 결정을 내리기가 힘들면 그것을 보류하고 자꾸 뒤로 넘겨서 결정해야할 상황을 회피하기도 한다.

3 **교류방식** 이들은 복잡하게 너무 많은 선택권이 있는 것을 싫어한다. 잘 정의된 확실하고 간단한 가이드라인을 좋아한다. 일을 할 때도 일정한 형식을 가지고 하기를 좋아한다. 갑작스런 변화는 싫어한다.

4 **성적(애착) 태도** 이들은 안정을 추구하며 힘 있고 능력 있는 상대를 열망한다. 하지만 안전이 위협되는 상황이면 견디지 못하고, 지나친 감정적인 반응을 보인다. 그렇지 않으면 우울해지고 변덕스럽게 행동한다.

5 **어린시절** 이들은 어린 시절 아버지의 역할이 불충분하거나 일관성을 유지하지 못한 환경에서 자라났을 경우가 많다. 이로 말미암아 권위에 대한 믿음이 부족하고, 자신과 세계에 대해서 의심하게 된다. 혹은 준비도 되기 전에 가족을 돌보아야 하는 상황에 내몰리면서 아무도 지신을 돌보지 못했다고 느낀다.

6 **생각(신념)** 이들은 친구나 자기 신념에 가장 충실한 사람들이다. 이들은 차분하

고 믿을 수 있는 사람이라고 생각한다. 이들은 서로에게 이익 되는 체계를 만들고 자기 관리에 철저하며 미래에 대한 예견력이 있어서 문제의 발생을 미리 방지하는 능력이 있다.

7   갈망(동기) 이들은 걱정이 많아 확실한 것을 찾기 위해서 자주 이리 저리 왔다 갔다 한다. 이들은 항상 확실하고 안전한 무엇을 찾고자 한다. 그것은 결혼이 될 수도 있고, 신념이나 조직, 친구나 자기개발, 혹은 종교일 수도 있다.

8   감정 이들의 중심감정은 두려움이 많다. 불안과 걱정으로 사람이나 자기 자신에 대해서도 의심을 한다. 무슨 일이든지 결정을 할 때는 혼자서 결정하기 보다는 친구들과 의논하여야 마음이 놓인다. 이들은 긍정적인 사고를 하지만 동시에 공포와 비관주의로 자신을 혼란스럽게 느낀다.

9   대응행동 이들은 지나치게 조심한다. 이들은 위험을 느끼는 일에 매우 민감하다. 건물에 들어서면 어디에 비상구가 있고, 소화기가 있는지를 체크한다. 아무런 문제가 없고 편안할 때조차도 무슨 일이 일어나지 않을까 걱정을 한다. 이점은 자기 자신에게도 적용되어 작은 오해에도 상대방에게 자신이 버림받지 않을까 생각한다.

10   위기 이들은 충실하지만 상대방에게 불신감이 증대되면 불만을 터뜨리고 비난을 한다. 이들은 불안하고 무기력해지면 누군가가 자신을 구해주기를 바라지만, 극심한 불안으로 과대 망상적 생각에 사로잡힌다.

11   모순 이들은 평화로운 9번과 일중독자인 3번 사이를 왕래한다. 다른 사람에게 통제 당하는 것을 싫어하면서도, 막상 사건이 일어나면 많은 사람들에게 그것을 어떻게 했으면 좋을지를 묻고 다닌다. 독립을 원하지만, 누군가에게 의존을 필

요로 한다. 하지만 조언을 받으면서도 그것을 의심한다

12 <u>성장</u> 이들은 성장하기 위해서는 불안이 찾아오는 패턴을 발견하여야 한다. 두
려움이 몰려오면 용감하게 그것에 직면함으로써, 외부가 아닌 자신의 내면에서 안
정과 지지를 확보하는 방법을 배움으로써 이들은 자신의 본질에 도달한다.

7번 성격 **열정적인 사람**

1 <u>본질</u> 이들의 본질은 삶에서 경이로움과 기쁨을 느끼는 것이다. 미래에 대한 불안과 현실의 존재를 그대로 받아들이고 향유할 수가 있다면, 그것이 바로 충만한 삶의 길이다.

2 <u>사회성</u> 이들은 다른 사람들과 잘 어울리고, 침체된 분위기를 고조시키는 재능을 가지고 있다. 다른 사람을 행복하게 하는데, 보람을 느낀다. 하지만 일하면서 함께 보조를 맞추지 못하면, 자신을 거부했다고 해석하여 분노를 느끼기도 한다.

3 <u>교류방식</u> 이들은 대개 말이 많고 지적이고 다방면에 관심이 많다. 사람들과 쉽게 친해지고, 부정적인 자신의 생각이나 감정도 잘 드러내는 편이다. 이들은 무거운 침묵을 참지 못하고 기꺼이 분위기메이커가 된다. 하지만 특정한 활동에 매이지 않으려는 태도 때문에 대화가 산만해지기도 한다.

4 <u>성적(애착) 태도</u> 이들은 호기심을 불러일으키는 상대에게 매력을 느낀다. 모험을 즐기며 유머와 재치가 있다. 이들은 감각적이고 사랑에 빠지는 것을 좋아한다. 그럼으로써 자신이 존재한다는 강렬한 느낌을 느끼고 싶어 한다.

5 <u>어린시절</u> 이들은 어릴 때 대부분 자유롭고 활력에 넘치고, 유머감각이 뛰어났다고 말한다. 이들은 사람들을 어떻게 하면 즐겁게 하는지를 안다. 하지만 어떤 정해진 일에 구속되는 것을 싫어한다.

6 <u>생각(신념)</u> 이들은 쾌활하고 늘 바쁘다. 이들은 재미있는 것을 추구하며 어린아이처럼 호기심이 많고 모험심을 가지고 세상에 나아간다. 누군가가 '지금 너 어

떻게 지내니' 하고 물어보면, 그들은 '응, 나는 좋아'라고 대답하면서, 달력이 가득 찰 정도로 다양한 활동에 빠져든다.

7 갈망(동기) 이들은 불안을 느끼면 항상 머릿속에 여러 가지 생각들로 가득 채운다. 그러다보면 한 가지 일에 집중하기가 어렵고 마음이 항상 바쁘다. 다만 즐기면서 살겠다는 듯한 태도를 취한다. 불안할수록 현재 하고 있는 일보다는 앞으로 하는 일을 먼저 생각한다.

8 감정 이들은 현재에 일어난 일에 만족할 줄을 모른다. 항상 남의 떡이 더 크게 보인다. 그래서 만족감을 주는 것은 무엇이든지 쫓아다니는 경향이 있다. 이들은 새롭고 흥미로운 일에 쉽게 흥분하지만 곧 싫증을 내고 더 좋은 새로운 것을 찾는다.

9 대응행동 이들은 자신의 고통, 상실감, 불안과 같은 부정적인 감정을 느끼려하지 않는다. 그것을 느끼기도 전에 앞으로 뛰어 나가 흥미로운 일로 가득 채운다. 이들은 자신의 감정을 깊이 있게 만나서 그곳에 머물러 있지 못한다. 긍정적인 감정을 찾고 자신의 깊은 감정을 보지 않으려 한다.

10 위기 이들은 욕심이 많은 사람들이다. 삶의 고통을 직면하기 보다는 회피한다. 이들은 인내하고 기다릴 줄을 모른다. 안으로 감추어진 좌절과 불안 때문에 관계를 갑자기 끊어버리곤 곧 그 사람을 잊어버린다. 하지만 내재된 분노와 적개심으로 공격적인 태도로 돌변하거나 폭음이나 폭식에 빠지기도 한다.

11 모순 이들은 쾌활함과 심각함이 교체되는 감정의 변화를 겪는다. 이들은 고통을 정면으로 직면하기를 피하기 위해서 일부러 새로운 경험과 사람들과의 흥미 있게 어울리는 것을 좋아하지만, 그 속에서 좌절을 느끼고 1번처럼 심각한 표정

으로 정해진 어떤 틀 속에서 자신을 통제하려 한다. 이런 상태가 반복되면 조울증 현상으로 나타나기도 한다.

12　성장　이들의 중심과제는 자신의 부정적인 감정을 만나려하지 않기 때문에 탐욕스럽게 새로운 경험에 집착한다는 것이다. 자신의 감정을 차분하게 경험하는 명상법을 배워야 하고, 현실적인 계획을 세심하게 검토하는 시간을 가지는 것은 중요하다.

1 본질   이들은 자신의 아픈 상처에서 벗어나면, 자신이 찾고자 했던 삶의 활력과 독립성을 자기 내면에서 경험하게 된다. 이때야 비로소 어린아이와 같은 순수하고 단순함의 본질이 드러난다.

2 사회성   이들은 리더십과 결단력을 갖추고 있다. 하지만 어떤 일이든지 항상 자신의 통제 하에서 이루어지길 바란다. 이들은 사람들과 강한 연대감과 신의를 중시한다. 이들은 신뢰할 수 있는 충성스런 사람들과 지내는 것을 좋아한다.

3 교류방식   이들은 돌려서 이야기하는 사람을 좋아하지 않는다. 상대방에게 직선적으로 말을 하면서, 다른 사람을 불리한 위치에 놓고 거래를 하여, 상대를 통제하고 싶어 한다. 이들은 자신의 명령이 어김없이 수행되기를 바란다.

4 성적(애착) 태도   이들은 매우 열정적이고 생동감 있는 활동을 원하고, 다른 사람에게 영향력을 행사하기를 원한다. 사랑에 있어서도 마찬가지이다. 이들은 상대방에게 사랑이 많고 헌신적이다. 하지만 상대를 자기 방식으로 완전하게 통제하려 한다.

5 어린시절   이들은 대체로 어릴 시절에 아버지에게 거절당한 아픈 기억을 가지고 있다. 그래서 앙갚음을 해 주고 싶어서 구속과 체제에 반항한다. 이들은 사랑을 받지 못했다고 느끼며, 누구에게도 자기의 마음을 잘 열지 못하고, 항상 경계심을 늦추지 않는다.

6 생각(신념)   이들은 힘에 집착한다. 이들은 힘이 넘치고 남을 지배하는 것을 좋아하는 도전자이다. 자신의 활동력을 세상에서 펼칠 때 그곳에서 자신의 가치를

느낀다. 특히 맞서는 상황에서 물러나지 않고 더욱 직선적이며 거칠어진다.

7   갈망(동기)   이들은 약해지는 것을 두려워하기 때문에, 더욱 고집이 세고, 거칠어진다. 자신의 약한 면을 잘 보이기 싫기 때문에 경쟁, 도전, 힘을 통해서 사람들과의 관계를 맺는다. 이들은 힘이 있다는 것을 보이고 싶어서, 허세를 부리기도 하고, 스스로 거물이기를 원한다.

8   감정   이들은 자신의 욕망을 감추지 못한다. 이들은 힘으로 밀어붙이기를 잘 한다. 이들은 자신이 원하는 것을 얻기 위해서는 힘이 있어야 한다고 믿는다. 자신의 강한 열망을 성취하기 위해서, 상황을 확고하게 통제하고자 한다. 하지만 그럴수록 다른 사람과의 관계는 더욱 멀어진다. 그러면 이들은 다른 사람을 통제할 힘을 더욱 원하게 되는 악순환에 빠진다.

9   대응행동   이들은 배신당하는 두려움을 느끼는 까닭에 자신의 마음을 쉽게 열지 못하고, 대체로 바위처럼 닫아버린다. 삶이란 투쟁이다. 위협과 스트레스를 받게 되면 이들은 더욱 거칠어지고 공격적이 된다. 이럴수록 주변사람들은 이들에게 더욱 비협조적인 태도를 취한다.

10   위기   이들은 다른 사람들의 비협조적인 태도가 바로 자신의 행동에서 비롯되었다는 사실을 자각하지 못한다. 이들은 상대방의 보복을 두려워하면서 상대를 먼저 공격하게 된다. 이때 이들은 사람들을 협박하거나 심하면 폭력을 행사할 수도 있다.

11   모순   이들은 고립된 5번과 다른 사람을 돕는 2번 사이를 왕래한다. 스트레스를 받으면 뚝심으로 밀고 나가지만, 감당하기 어려우면, 5번처럼 갈등으로부터 움츠러들어 사람들을 피하면서 고립을 선택한다. 하지만 건강한 상태가 되면 2번

처럼 다른 사람의 아픔을 이해하고 자신의 내면에 숨겨진 부드러움을 드러낼 줄 알게 된다.

12 성장 이들은 과도하게 힘에 집착되어 있어서 자신의 약한 면을 억압함으로써 대인관계에서 많은 적들을 만들어내는 경향이 있다. 이들은 다른 사람들과 친밀하게 지내는 구체적인 방법을 배울 필요가 있다. 이들은 자신의 내면을 열고 자신의 아픔에 솔직하게 다가가는 연습이 필요하다. 이때야 이들은 남을 통제하려는 강한 열망을 포기하게 된다.

9 번 성격 평화로운 사람

1 <u>본질</u>　이들의 본질은 내면의 큰 평화이다. 이들은 우주의 전체성과 삶의 완전성에 뿌리를 둔다. 사물과 사물의 장애 없는 진실을 믿는다. 이들은 모든 것을 사랑하며, 나는 자연과 하나임을 기억한다.

2 <u>사회성</u>　이들은 다른 사람과 잘 지내려는 기본적인 성향이 있어서 갈등이 있으면 다른 사람의 입장을 먼저 생각한다. 때문에 다른 사람과의 관계가 대체로 원만하지만, 자신의 내면에는 친구를 잃어버릴까봐 하는 걱정과 함께 거절을 잘 하지 못하는 것에 따른 분노가 내재되어 있다.

3 <u>교류방식</u>　이들은 자신의 의견이나 견해를 잘 말하지 않는다. 이들은 나서기보다는 뒤에 서 있는 것으로 만족하며 다른 사람에게 불편을 주지 않으려 하는 겸손한 태도를 취한다. 하지만 이들이 자신의 의견이나 주장이 없는 것은 결코 아니다. 다만 그것을 잘 표현하지 않고 있을 뿐이다.

4 <u>성적(애착) 태도</u>　이들은 자신의 감정을 잘 표현하지 못하고, 상대방을 먼저 배려하는 경향이 있기에, 사랑을 하게 되면 자신의 정체성이나 독립성을 확보하지 못하고, 상대방에게 의존되는 경향이 높다. 하지만 바로 이점 때문에 상대를 공격하기도 하지만 대부분 이것은 공상 속에서 이루어진다.

5 <u>어린시절</u>　이들은 어린시절 대체로 중재자의 위치에 있었다. 가족의 갈등관계에서 끼어들지 않고 물러서서 중재하거나 아니면 다른 사람이 원하는 것을 충족시켜준다. 그렇지 않으면 갈등상황을 피해버리는 방법을 선택하는 경우가 많다. 대체로 이들은 행복한 어린 시절을 보냈다.

6   생각(신념)   이들은 대부분 차분하고 고요하며, 안정된 감정을 느끼는데서 자신의 정체성을 발견한다. 이들은 마음의 평화를 추구한다. 대체로 사물이 되어가는 그대로 두고 보는 편이며, 다른 사람의 결점을 결코 지적하지 않는다.

7   갈망(동기)   이들은 편안함에 집착한다. 그렇다보니 자신의 내면에서 발견되는 고통이나 불편한 감정을 억압하여 편안함의 상태를 유지하려 한다. 하지만 이것은 진정한 평화가 아니기 때문에 삶의 활력을 상실하게 한다. 그들은 다른 사람들이 자신을 답답하다고 말한 점을 이해하지 못한다.

8   감정   이들은 무력감을 자주 느낀다. 시간이 그저 멈추어진 것 같고, 감정을 느끼지 못하고, 자신의 방향을 잃어버린 것 같다고 호소한다. 이것은 일상에서는 게으름으로 표현되기도 한다. 스스로 나서서 활동하지 않으면서, 세상의 위협을 망각하고 빈둥거린다.

9   대응행동   이들은 화를 잘 내지 않는다. 하지만 이들의 내면에는 잠재된 분노와 저항이 있다. 다른 사람과 싸우는 것은 싫지만, 절대로 자신의 의지를 굽히지 않는 고집스런 마지막 선이 있다. 이들은 다른 사람과의 갈등을 피하기 위해서 권위 앞에서는 그렇다고 수긍하지만 돌아서면 자신의 고집스런 부분이 작동하여 본의 아니게 상대방을 골탕 먹인다.

10   위기   이들은 분노를 본능적으로 억압한다. 자신이 아무것도 할 수 없음에 화가 나고, 자신의 활동공간이 없음에 비난하고 분노하지만, 그것을 밖으로 잘 표현하지 못한다. 그러면서 세계로부터 자신을 분리시키면서 만성적인 우울증에 시달리기도 한다.

11   모순   이들은 의심하는 6번과 성취하는 3번 사이를 왕래한다. 이들은 스트레스

를 받으면 6번처럼 상대방을 의심하고 감추어놓은 불만을 터뜨린다. 이때는 매우 적극적으로 일에 매달리는 모습을 보여준다. 이렇게 되면 뜻밖에도 게으름과 무거움을 떨고서 3번처럼 자신의 가치를 발견하고 사회 속에서 그것을 성취하고자 하는 태도로 변한다.

12 _성장_ 이들은 자신의 정체성을 자꾸 망각하는 경향이 있고, 거짓된 평화에 안주하는 경향이 있다. 때문에 자신이 원하는 것을 자꾸 표현하고 그것을 성취하기 위한 자기개발을 모색하는 것은 중요하다. 또한 자신의 내면에 존재하는 분노를 인식하는 방법을 배울 필요가 있다. 그래야 진정한 평화를 경험할 수 있다는 것이다.

에니어그램 명상상담 전략

　본 상담 프로그램은 명상과 에니어그램을 활용하여 상담하려는 이들을 위한 지침이다. 이것은 반구조화된 8회 상담 프로그램이기 때문에, 일반적인 지침을 말하는 것으로 상담자의 여건에 따라서 적절하게 변경하여 운영할 수도 있다.

고통(苦)	1. 면접과 성격검사 2. 대인관계 탐색
원인탐색(集)	3. 어린 시절 경험나누기 4. 자아개념과 집착 5. 성격역동
소멸(滅)	6. 가족세우기 심리극 7. 명상
도(道)	8. 성장과 본질: 새로운 행동선택

　고집멸도는 가장 불교적인 교설로서, 상담의 과정과 잘 어울린다. 고(苦)가 내담자의 증상을 말한다면, 집(集)은 고통의 원인을 탐색하는 과정이고, 멸(滅)은 고통의 소멸이나 행동교정의 단계이라면 도(道)는 일상에서의 실천과정으로 이해된다. 고통나누기는 첫째날 면접과 둘째날 대인관계의 항목은 고통나누기에 해당된다면, 셋째날 어린시절, 넷째날 자아집착, 다섯째날 성격역동은 고통의 원인을 탐색하는 것이고, 여섯째날 심리극과 일곱째날의 명상은 고통의 소멸, 마지막 도의 단계는 과제발견과 실천계획세우기라고 말할 수가 있다.

첫째 날 면접과 성격검사

고(苦), 고통나누기

고의 단계는 상담의 초기단계로서 내담자의 고통과 아픔을 잘 듣고 수용하여 공감하는 단계이다. 이해와 공감은 내담자와 상담자가 서로에 대한 동질성과 신뢰성을 확보하는 단계이다. 여기서 중요한 포인트는 분석하거나 평가하려 하지 않고 내담자의 감정을 존중하여 무조건적으로 공감하여 듣는 과정이다.

경전에서는 고통을 여덟 가지(八苦)로 분류한다. 생노병사의 <u>신체적이고 보편적인 현상</u>, <u>인간관계</u>에서 비롯된 만남과 헤어짐에서 오는 고통, <u>심리적</u>으론 감정적인 상처와 오온에 대한 집착 등이 여기에 속한다. 이들은 대부분 변화되지 않는 존재, 자아나 세계에 대한 믿음이 무너지면서, 일상에서 쉽게 경험하는 상처이다. 때문에 우선은 고통나누기를 통해서 서로에게서 먼저 공감 받고 따뜻한 위로를 받을 필요가 있다. 그렇게 되어야 〈이것은 고이다〉고 자신의 고통을 객관적으로 관찰할 수는 정신적인 여유를 가지게 된다.

초기단계에서 공감적인 이해의 필요성은 저항을 다루는데도 역시 도움을 준다는 점이다. 대부분 자신이 고통을 받고 있다는 사실을 부끄럽게 여기고, 그것을 감추려하는 경향이 있다. 만약 집단이 자신의 대신에 삶의 고통과 함께 그 원인을 함께 공유하는 동반자란 인식하게 된다면, 보다 쉽게 자신을 방어하지 않는 채로 자신을 개방할 수가 있게 된다는 점이다.

고(苦)의 단계는 첫째날 면접과 성격검사, 둘째날 대인관계탐색으로 구별된다. 이때에 질문은 공감을 유도하거나, 문제를 보다 명료하게 이해하기 위한 보조적인 수단으로서 사용된다. 그것은 다음과 같다.

- 어떻게 오시게 되었지요.
- 자신을 소개해 주시겠어요.

- 이야기를 하고 나니까, 지금 기분이 어떠세요.
- 그런 감정을 얼마나 자주 가지세요.
- 그 문제는 당신의 삶에서 얼마나 중요하다고 평가하시나요.
- 이번 상담을 통해서 무엇을 원하시나요.

1 목표

본격적으로 상담하기 이전에 첫 번째의 만남으로, 내담자와 친밀해지고 친숙해지는 시간이 되도록 하면서, 상담동기와 내담자의 기본 인적사항과 성격특징을 파악한다.

2 주요과제

1) 내담자의 인적사항 및 상담 동기파악

① 상담에 필요한 인적사항 파악하기(성명, 나이, 직업, 가족관계 등)

② 내담자는 누구의 권유에 의해서 상담을 결심하게 되었는지.

③ 상담에 대한 동기는 무엇인지. 왜 상담을 하고 싶은지.

④ 내담자가 상담을 필요로 하는 이유는 무엇인지.

　　예를 들면 진로, 직장, 이혼, 부부갈등, 개인적인 성격문제 등등.

2) 에니어그램 성격검사, 불안, 분노, 우울, 스트레스 검사

3) 성격검사지에 나타난 특기사항

성격그래프에서

① 중심 성격유형과 날개가 무엇인지.

② 감정, 사고, 의지는 어떤 유형을 사용하며,

③ 그래프의 역동성이 평균범위, 평균이상 혹은 플러스 방향인지, 마이너스방향인지

성격응답지에서

① 유형별로 대인관계, 자아집착, 성격역동의 합계를 살펴보고,

② 하위개념이 가지는 특기사항을 중심성격과 날개와 비교하여,

③ 내담자의 과제를 발견한다.

원, 핵사드, 삼각형에서

– 성격유형의 검사결과를 원안에 점수대로 그려넣고, 원에 나타난 전체적인 모양, 에너지 방향 등을 본다.

– 핵사드와 삼각형에서 성격역동 가운데 움직이는 선을 중심으로 해석하여 본다.

4) 기타 검사지

① 면담을 통해서 내담자의 상태에 따라서 DSM 성격장애 진단, 심리도식, 혹은 불안이나 우울과 같은 심리검사나 측정을 추가로 할 수가 있다.

② 내담자의 중심성격과 성격장애의 강도와 빈도를 평가하여,

③ 상담목표와 기간을 설정한다.

5) 상담일정 및 규칙정하기

① 상담 전체 기간과 횟수를 설명하고 결정한다.

② 유료상담인 경우에는 의뢰인과 계약서를 서명할 수가 있다.

③ 상담날짜와 시간, 장소를 정한다.

④ 대부분 상담은 정해진 시간(60-90분)을 초과하기 마련이다.

상담자는 이점을 고려하여 이후 일정을 여유 있게 미리 조정한다.

대인관계 탐색

1 목표

적극적 경청법을 통해서 공감과 지지를 표현하여, 상담관계를 확립하는 매우 중요한 단계이며, 무엇이 문제인지를 대인관계를 중심으로 파악한다.

2 주요과제

1) 신뢰관계 / 협력관계 형성

① 내담자는 대인관계에서 고통 받았기에 신뢰관계를 형성하는데 자신감이 결여된 경우가 많다. 내담자와의 신뢰관계 형성이 가장 중요하다. 이때 가장 좋은 방법은 적극적으로 지지와 공감을 표시하는 것이다.

② 적극적인 경청법은 공감과 지지를 표현하는데 효과적이다. 이것은 내담자가 하는 말을 듣고 적절하게 되돌려주기와 나-전달법을 사용한다. 내담자를 분석하려 들지 말고 문제의 상황에서 무슨 일이 어떻게 일어났는지, 그 때 내담자는 어떤 태도를 취하였는지를 *존재하는 그대로* 잘 듣는 시간으로 한다. 첫날에 많은 것을 알려고 하지 말고, 서로 친한 친구가 되면 된다. 이것으로 만족해도 된다.

2) 대인관계 밑줄긋기

① 경청을 할 때는 다음과 같은 관점에서 듣는다. 첫째는 검사지 2번 문항인 사회성이다. 이때는 직장이나 가족간의 관계에서 발생된 바램이나, 미해결된 과제를 발견하는데 초점을 둔다. 내담자가 자유롭게 말하는 과정에서 그 사회적인 위치

와 역할에 초점을 맞추어서 경청하고, 어떤 〈갈등상황〉에서 〈누구와 무엇이 내담자의 핵심된 문제인지〉를 상담자는 **발견한다**.

② 둘째는 검사지 3번 문항인 교류방식이다. 교류방식은 중요한 상대방과의 대화나 관계의 방식을 어떤지를 탐색한다. 이때는 상담자의 이야기하는 방식을 관찰하면서 발견된다. 수평, 수직적 대화인가, 비판적이고 공격적인 태도인가, 순응하고 자신을 잘 표현할 수 없는 태도인가, 지배적인가 방임상태인가, 진지성이 결여된 산만한 대화인가, 아니면 너무 진지해서 경직되어 있는가를 본다.

③ 셋째는 검사지 4번 문항인 성적, 애착 태도이다. 이것은 이성과의 관계에서 나타난 애착과 관련된 행동특징을 말한다. 상대방에게 무엇을 원하며, 사랑의 표현방식이나, 대화방식을 살펴본다. 특히 애착관계의 방식에 초점을 맞춘다.

3) 상담에서 참고사항
① 내담자 중심의 경청
내담자의 대인관계를 파악하는 접근방식은 내담자의 경험을 중시하는 자세를 가진다. 그 대인관계의 방식을 파악하는 것이다. 이 경우는 적극적으로 자신을 말할 수 있는 내담자의 경우에 적절하다. 상담자는 이야기를 다 듣고 위에서 말하는 사회성, 교류방식, 성적태도 가운데 하나를 구체적으로 좀더 상세하게 경청하는 것으로 진행할 수가 있다.

② 성격유형별 행동특징 자료활용
본 연구원에서 제공하는 〈에니어그램 성격유형별 행동특징〉에 나타난 성격유형별 행동특징의 항목을 먼저 제시하고 그 가운데 자신에게 해당된 부분을 밑줄긋기하게 한 다음에 그것의 구체적인 사례를 이야기하게 하는 방식이다. 이때 자신의 성격유형의 대인관계방식과 다른 유형일지라도 대인관계 (응답지)항

목에서 높은 점수가 나온 유형을 중심으로 살펴볼 수도 있다.(예, 어떨 때, 6번을 사용하고 어떨 때, 3번을 쓰는지를 살펴본다.)

③ 미해결된 과제파악

내담자의 미해결된 과제의 성격에 따라서 세 가지 대인관계방식을 선택하여 경청한다. 이를테면 직장의 문제는 사회성을, 부부갈등은 성적태도의 문제를, 가족갈등은 교류방식을 중심으로 살펴보면 효과적이다.

④ 대인관계 이론

이론적으로 좀더 살펴보고자 한다면, 교류분석이나, 사티어의 가족대화, 정신분석의 방어기제 등을 참고하되, 내담자 중심으로 적절하게 활용한다.

⑤ 과제제시

상담이 끝나면, 상담과정에서 발견된 미해결된 과제를 내담자가 3분 명상을 통하여 음미하게 하고, 일상에서 돌아가면 실천할 수 있는 과제를 발견하게 한다.

셋째 날 어린 시절 경험나누기

1 목표

대인관계에서 발견된 내담자의 성격적인 특징이 어린 시절의 도식, 어떤 경험과 연결되어 있는지를 파악한다. 어린 시절 부모와의 관계, 양육방식을 탐색하고, 그 과정에서 어떤 부분이 좌절되고, 성격형성에 영향을 주었는지를 파악한다.

2 주요과제

1) 도식검사

① 제프리-영 박사에 의해서 개발된 도식검사를 실시하여, 내담자의 어린 시절에 불충분하게 경험된 부적응적인 도식이 무엇인지를 정확하게 이해한다.

② 내담자의 심리도식에서 가장 높은 강도가 나온 도식을 함께 공부하고 그것이 가지는 의미를 파악한다.

2) 어린 시절 밑줄긋기 및 경험듣기

① 도식과 관련된 어린 시절의 이야기를, 청소년기, 초등학교, 유아기 등 기억나는 사건들을 자유롭게 말하게 한다.

② 어린 시절에 힘들었을 때, 어떻게 느꼈고, 그때 어떻게 행동하였는지를 살펴보고, 현재의 대인관계에 그런 경험이 어떤 영향을 미쳤는지를 함께 탐색한다.

③ 어린 시절 경험은 주로 감정적인 부분과 연결되어 있기에 결코 분석적인 태도를 취하지 말고, 공감과 지지의 태도를 유지한다.

3) 가족구조 및 부모와의 관계

① 내담자의 가족관계를 소시오그램을 사용하여 파악하고, 이것이 도식을 형성하는데 어떻게 기여했는지를 내담자와 함께 파악한다.

② 특히 어머니와 아버지와의 관계와 그 도식을 집중적으로 탐색한다. 이때는 영상관법을 활용한다. 또한 할아버지, 부모, 형제간의 관계들 속에서도 내담자의 성격적인 행동방식을 찾을 수도 있다.

③ 부모와의 관계에서 좌절된 애착관계를 탐색한다. 방식과 현재의 내담자의 문제나 대인관계 방식에 어떻게 영향을 주고 있는지를 내담자 스스로 자각하도록 탐색한다.

4) 상담과정에서 주의점

① 어린 시절 기억나는 중심경험-도식을 영상(유식)관법 명상을 통해서 부모와의 관계, 곧 대인관계, 성격형성과 관계성에 초점을 둔다.

② 중요한 사건을 떠올리고, (적어보고) 그것을 말하게 한다. 그때 좌절된 부분과 원망의 대상이 누구인지를, 그리고 또한 그 감정이 무엇인지를 살펴본다.

③ 당시의 상황을 재연하여 그 생생한 현장을 함께 공유한다. 그런 다음에 당시의 감정을 그림으로 그려보게 하거나, 영상관법에 의한 동작표현으로 당시의 감정을 그대로 다시금 느껴보게 한다.

④ 이때 몸과 감정의 연결 관계를 충분하게 머물러 느껴보게 한다.

자아개념과 집착

집(集), 고통의 원인탐색

집(集)의 단계란 문제의 원인을 발견하는 과정이다. 고통의 단계에서 발견된 증상이 어떤 원인이나 조건에 의해서 어떤 방식으로 진행되는지를 주요한 특징이나 패턴을 탐색하는 것이다. 중심된 과제는 내담자의 자아개념(집착), 어린 시절, 성격역동 등이다. 원인을 발견한다고 하는 것은 문제에 대한 심리적인 요인과 더불어서, 사건, 상황에 대한 자신의 감정(受), 생각(想), 갈망(行)을 자각하고, 그 가운데 무엇이 중심적인 역할을 하고 있는지를 발견하는 과정이다. 이들에 대한 탐색은 순차적이고 체계적인 접근방식과 더불어서 표층과 심층적인 수준에서 이루어진다.

1 목표

현재의 과제를 중심으로 무엇을 자아라고 집착하는지를 살펴본다. 결국 자아란 감정, 생각, 갈망의 상호작용임을 구체적으로 알게 하고, 자신의 성격특성을 분명하게 파악하게 한다.

2 주요과제

1) 감정탐색-주요 문제를 중심으로

앞에서 파악한 과제를 중심으로, 진행한다. 감정에 초점을 둔 경우에 먼저, 특정한 문제 상황(부부, 아이, 직장, 친구)에서 내담자가 자주 반복적으로 느끼는 일차적 감정과 이차적 감정을 파악해야 한다. 일차감정은 현재 상황에서 느끼는 직접적이고 표층적인 감정이다. 일단 내담자가 느끼는 감정이 자각되면, 그것을 경험하는 신체적인 방식을 검토한다. 신체적인 반응은 감정의 정도와 빈도를 측정하는 기준점이 된다.

만약에 감정적인 결핍이 깊다면, 어린 시절의 경험을 함께 그 역사를 탐색한다. 어린 시절, 초등학교, 청소년기를 구별하여 깊은 감정적인 뿌리를 발견하여 현재의 상항과 연결시켜준다. 그럼으로써 자신의 중심감정이 무엇인지를 자각하도록 돕는다. 이를테면 우리는 양각적인 감정을 자주 갖고 있는데, 일차감정은 아버지에 대한 분노의 감정이지만, 이차감정으로 그 밑바닥에는 아버지에 대한 그리움이 자리 잡고 있을 수가 있다.

- 그 감정에 이름이나 색깔을 붙여본다면 어떻게 할래요.
- 그 감정을 느낄 때, 누가 떠오르고, 그분에게 무엇이라고 말하고 싶어요.
- 몸의 어느 부분에서 그 긴장을 느끼세요.
- 지금 느끼는 감정과 유사한 감정을 어릴 때, 느낀 적이 있던가요.
- 분노 이외에 다른 감정은 없는가요.

2) 생각탐색

사유방식에 초점을 둔 경우는 내담자의 스치는 생각을 통해서 고정된 자신의 신념체계를 발견하는 것이 주요한 목표가 된다. 이때 감정과 연결되는 생각을 중심으로 각각의 감정에 따른 생각들을 포착하여 그것들의 모순, 증폭, 상호작용관계의 양상을 파악한다. 다음으로 스치는 생각을 발생시킨 신념체계가 무엇인지를 발견한다. 이때 주의할 점은 내담자 자신이 자신의 신념체계를 발견하도록 해야 하며, 그것들이 언제부터 어떤 사건들을 통해서 형성된 것인지를 역시 어린 시절의 감정적인 경험과 함께 다룬다. 문제되는 상황에서 내담자의 행동 메커니즘, 곧 〈감정－생각－행동〉의 관계를 탐색한다.

- 그 감정을 느끼는 순간에 어떤 생각이 스치고 지나갔죠.
- 동일한 상황에서 이 생각과 저 생각은 서로 모순되게 느끼지는 않으세요.
- 그런 생각들을 뒷받침하는 신념은 무엇일까요.

- 언제부터 이런 신념을 유지해온 것 같아요.
- 그런 생각을 하면 어떻게 행동하세요.

3) 갈망, 행동동기 탐색

욕구에 초점을 둔 상담의 경우도 단지 욕구만을 다루지 않고, 상황이나 사건에서 느끼는 감정, 생각과 함께 다룬다. 당시에 느끼는 감정과 생각의 뿌리가 바로 자신의 욕구, 갈망에서 비롯된 것임을 자각하게 한다. 경전에서는 고통의 근본적인 원인으로 갈애와 무명을 제시한다. 갈애란 사랑에 대한 목마름이고, 무명은 자각의 결여를 의미한다. 하지만 갈애는 그 자체로 독립적 성격을 갖기보다는 환경과의 작용하면서 발생되는 경향이 있다. 이것은 현실적 욕구인데, 이것은 성장하면서 좌절된 욕구와도 긴밀하게 연결되어 있다. 때문에 내담자에게 어떤 욕구가 자신에게 있으며, 그것을 왜 원하는지에 대한 자각하도록 하게 하여, 자신이 처한 상황을 존재하는 그대로 통찰할 수 있는 힘을 갖도록 돕는다.

- 그렇게 행동할 때, 무엇을 기대하셨나요.
- 그때 무엇을 원하고 있었죠.
- 왜 그때 자신의 감정과 원하는 바를 표현하지 못하였죠.
- 무엇이 당신을 두렵게 하는가요.
- 지금 내 삶에서 가장 중요한 것은 무엇이라고 생각하세요.

다섯째 날 **성격역동**

1 목표

가장 힘들고 어려운 과제가 무엇인지를 살펴보는 단계로서, 침체되고 건강하지 못하다고 느낄 때와 활력과 자신감을 회복한 때를 분명하게 자각하여, 자신의 성격적인 위기와 변화를 알게 하여 적절하게 대응하는 힘을 갖게 한다.

2 주요과제

1) 힘들거나 위기상황에서 대응행동알기

대부분 스트레스를 받거나 위기상황에서 본인이 어떻게 행동하는지를 자각하지 못한 경우가 많다. 실제로 위기상황에서 가장 개인적인 성격역동이 나타난다. 이것은 성격유형에 따라서 다르기 때문에 내담자의 검사지에 나타난 성격과 DSM(V) 성격장애와 비교할 필요가 있다. 감정형들은 대체로 과민한 연극적인 반응이나 회피적인 태도를 취한다. 사고형은 스스로를 분리시키거나 쉽게 흥분하는 조증상태를 보인다. 의지형은 공격적인 태도를 취하면서도 의존적인 태도를 취할 수가 있다. 이런 대응 행동들을 구체적인 상황에서 어떤 양식으로 표현되고 있는지를 탐색한다.

2) 내적인 두려움 탐색하기

일단 대응행동의 양식이 구체적으로 어떤 것인지가 조사되었다면, 그들의 배후에 도사린 두려움을 탐색한다. 감정형들은 사랑받지 못하고 배척받을까 하는 두려움이 있다면, 사고형은 미래의 예상되는 위협으로부터 자신을 보호받지 못함에 불안과 초조감을 표출하고, 의지형은 자신의 힘을 사용하지 못함을 두려워한다. 하지만 이런 내용은 구체적인 상황에 따라서 다른 방식으로 표출되기 때문에, 내담자의 개인적인 문맥에서 함께 탐색되어져야 할 것이다.

3) 반복되는 모순된 감정알기

성격역동의 탐색은 성격마다 가지는 모순적인 감정과 행동을 내담자가 자각하도록 돕는 것이다. 어떨 때 기분이 들뜨게 되고, 어떨 때 침체를 경험하는지, 기분이 고양될 때는 어떤 생각이 지배하고 있으며, 침체될 때는 어떤 생각이 주류를 이루는지를 살펴본다. 이를테면 7번의 경우에 심각한 1번적인 성격과 5번의 침착함 사이에서 감정이 어떻게 반복되는지를 살펴보게 한다.

- 힘들고 스스로 위기상황이라고 느끼는 경우는 어떤 경우입니까?
- 자주 반복되는 감정은 무엇이고, 그것들은 어떤 방식으로 나타납니까?
- 그런 위기상황에서 대체로 어떻게 행동합니까? 이를테면 공격적이 됩니까? 아니면 회피합니까? 혹은 스스로 고립을 선택합니까?
- 그런 행동을 하게 된 동기는 어디에 있다고 봅니까?

여섯째 날 **명상**

멸(滅), 고통의 재경험과 통찰

고집(苦集)이 고통에 대한 지적인 이해를 동반하지만, 멸도(滅道)는 해석보다는 체험적 접근으로 실천적인 측면이 강조된다. 고통 소멸에 대한 불교의 전통적인 전략은 '고통의 원인에 대한 자각이 그대로 곧 괴로움의 소멸이다'이라는 깨달음의 입장이 강조되었다. 하지만 명상상담에서는 억눌리거나 왜곡되고 혹은 좌절된 심리적 현상을 현실에 기초하여 개선시키는 점도 역시 강조된다. 이를테면 억압된 감정은 상황에 적절하게 표현하고, 왜곡된 사유방식은 합리적인 방식으로 교정하고, 좌절된 욕구에 대해서는 이차적인 대안을 찾아보는, 보다 융통적인 입장을 유지한다.

고통소멸의 단계에서 가장 자주 사용되는 기술적인 방식은 심리극과 같은 표현과 명상이다. 심리극과 명상은 문제가 되는 사건에 대한 재경험과 통찰을 가능하게 해주는 중요한 통로가 된다. 재경험적 체험은 문제가 되는 과거의 상황을 역할극과 이미지 명상을 통한 동작표현을 통해서 재경험함으로써, 억압된 감정과 왜곡된 사유방식이나 좌절된 욕구를 다시 경험하여 개선시키거나 소멸시키는 역할을 하고, 문제가 어디에 존재하는지에 대한 심리적인 자기 통찰을 가능하게 한다. 특히 심리극은 신체적으로 극적인 자기표현을 할 수 있는 점에서 강력한 도구가 될 뿐만 아니라, 자기중심적인 관점을 벗어나서 사건을 보다 객관적으로 파악하게 하는 점에서 역시 강력한 기술이다. 이밖에 감정의 표현에서 예술적인 기법을 사용하거나, 신념체계에 대한 교정에서 사용되는 논박하기의 문답법, 자기의 욕구를 성취하기 위한 현실적인 대안찾기 등은 역시 유용한 실천적인 기법으로 유용한 기술이다.

명상상담의 가장 큰 특질은 기본적으로 무아(無我), 곧 자아초월적인 관점에 놓여 있다. 다른 심리치료가 자아를 강화하거나 자아실현을 목표로 하지만, 명상상담은 고통발생의 근본적인 장애를 자아의식이라고 파악하고 있기 때문에, 고정된 자기 관념을 깨뜨리거나 자아의 집착을 초월하는데 중요한 목표를 둔다. 이것을 위해서 명상상담에서는 염지관명상과 연기관법 및 자기질문법 등을 중요한 작업도구로 사용한다. 염지관은 정서적인 문제를 해소하는 초점이 맞추어져 있는 반면에, 연기관법은 세계에 대한 고착된 이해방식을 해체시키고, 자기질문법은 일상에서 끊임없는 점검으로 예방과 재발을 방지하여 건강한 생활을 강화시켜줄 것이다.

1 목표

영상관법이나 연기관법의 명상법을 알고, 자신의 문제를 보다 명료하게 통찰하는 명상을 익히고, 일상에서도 실천할 수게 한다.

2 주요과제

1) 염지관

여기서 가장 중요한 첫째는 내담자의 핵심된 감정이 접촉하여 노출하게 하는 것이고, 그것을 판단을 중지하고 충분하게 느끼는 것이다. 그런 다음에 염지관 명상을 실시한다. 이것은 느낌이나 감정을 주제로 이루어지며, 신체적인 감각에 미친 영향을 통찰하게 한다. 감정은 반드시 신체적인 반응으로 환원이 가능하고, 신체적인 반응은 무상한 것으로 끝내는 사라짐을 경험함을 목표로 한다. 그럼으로써 핵심된 감정이 노출되는 과정에서 감정적으로 휩싸이는 고통을 벗어나게 도와준다.

2) 영상관법

영상관법은 내담자와 심리적으로 밀접하게 연결된 인물과 관련된 사건을 중심으로 이루어진다. 그럼으로써 대상과의 관계에 대한 자신의 통찰을 이루게 하고, 대상에 대한 자신의 애착관계를 발견하게 한다. 첫째는 어머니와 아버지에 대한 명상을 집중하고, 이것과 연결된 현재의 남편이나 동료와 같은 현실적인 인물을 대상으로 이동하여 실시하거나 반대의 순서로 할 수가 있다.

3) 연기관법

이것은 불교 가장 중요한 수행법 가운데 하나이다. 이것이 있기에 저것이 있다는 상호작용관계를 통찰하는 명상이다. 이것은 감정, 생각, 갈망의 관계를 조망하는데 효과적이다. 감정은 어떤 생각으로 발생하는지를 조사하고, 다시 현실에 대한 판단이나 생각은 자신의 어떤 갈망과 두려움이 연결되어 있는지를 발견하는 과정이다.

명상은 염지관, 영상관법, 연기관법으로 실시하되, 〈신체(호흡)-감정-생각-갈망〉의 순서대로 명상하게 한다. 일상생활에서도 명상일지를 기록하게 할 때는 〈상황- 감정-생각〉 혹은 〈상황-감정-생각-갈망-행동〉의 순서로 기록하게 한다. 단, 호흡은 처음 시작할 때와 마지막에도 반드시 포함시킨다.

일곱째 날 가족세우기와 심리극

1 목표

내담자의 문제가 된 상황을 그대로 재연하고, 그때 하지 못했던 행동을 역할극을 통해서 표현하게 한다. 충분하게 억압된 감정을 표출하고, 그럼으로써 자신의 좌절된 욕구를 명철하게 인식하고 새로운 행동선택을 할 수 있는 기틀을 마련한다.

2 주요과제

1) 연출

상담을 통해서 발견된 내담자의 미해결과제를 심리극으로 실행할 수 있도록 구체적인 계획을 세운다. 기본적으로 다음과 같은 3막의 구성으로 이루어지길 제안한다. 제1막은 현재의 갈등구조를 파악하는 것이다. 내담자의 문제가 어디에 있는지를 분명하게 파악한다. 제2막은 그것이 어린 시절, 혹은 가까운 과거의 어떤 경험과 연결되었는지를 발견한다. 그때로 되돌아가서 재경험하는 과정을 가진다. 제3막은 미해결된 과제가 충분하게 표현되고 인식이 되면 미래에 유사한 상황에서 어떻게 행동할지를 연습한다.

2) 구성과 주요내용

제1막

현재의 문제를 다룬다. 내담자가 가지고 온 현재의 문제를 실질적인 상황에서 어떻게 진행되었는지를 그대로 재현한 다음, 하고 싶었지만 실제로는 하지 못했던 행동을 하게 한다. 그럼으로써 억눌린 감정과 상황에 대한 통찰을 얻게 한다.

제2막

현재의 문제와 유사한 과거의 경험을 다룬다. 특히 어린 시절 가족 관계를 주제로 그 때 있었던 경험을 중심으로 하되, 애착관계를 중심으로 다룬다. 대부분 상처받고 힘들었던 과거의 경험을 충분하게 사랑받고, 지지 받은 경험으로 재구성하는데, 초점을 둔다. 이루지 못했던 소망을 이루게 한다.

제3막

제3막은 현재, 과거에 이어서 가까운 미래에 예상되는 관계를 설정하여 내담자가 새롭게 통합된 이해를 바탕으로 행동하는 방법을 연습하게 하여 현실적응의 능력을 키운다. 하지만 새로운 행동선택은 내담자에게 선택하도록 돕는 것이 중요하다.

3) 워밍업과 느낌나누기

워밍업은 심리극을 하기 전에 실시하고, 재미있는 게임으로 하고 마음껏 웃게 한다. 개인 상담에서도 역시 게임을 잘 활용하면 좋겠다. 심리극을 끝내고 느낌 나누기에서는 상담자도 노출하여 서로 공감대를 형성하도록 한다.

마지막 날 **새로운 행동선택**

도(道), 소멸에 이르는 길, 방법

경전에서 도(道)의 단계란 괴로움을 소멸하는 팔정도를 의미한다. 명상상담에서는 팔정도를 고집멸의 단계에서 사용하고, 여기서는 현실적인 새로운 행동선택을 의미한다. 문제행동과 그 원인을 탐색하여 기존의 행동방식을 수정해야한다는 필요성을 확인한 만큼, 현실 속에서는 어떻게 행동을 해야 하는 구체적인 대안을 찾는 과정이다.

1 목표

내담자의 문제가 된 상황에서 했던 행동을 정확하게 평가하여 새로운 행동수정 및 내담자의 삶을 전반적으로 방향을 파악하여 일상에서 실천하는 기틀을 마련하는 것을 목적으로 한다.

2 주요과제

1) 행동의 반복적인 특성파악

새로운 행동선택은 습관적인 자신의 행동을 반성하면서, 현실에 기초한 합리적인 행동을 의미하는데, 〈에니어그램 성격유형별 행동특징〉에서 기술된 성장과 본질의 영역을 참고로 한다. 중요한 것은 실천이 가능한 대안이어야 하고 막연한 관념이 아니라, 구체적인 행동용어로서 기술되어야 한다는 점이다. 여기에는 아래와 같은 당시 했던 행동과 그런 행동을 하면서 바라는 기대, 소망이 무엇인지를 2가지 점을 파악한다.

• 가족, 혹은 직장에서 갈등이 생길 때, 어떻게 행동했던가?

· 상황에 대한 그때의 대처행동은 어떤 기대를 가지고 있었는가?

　– 무엇으로 인하여 갈등하는가?

　– 원하는 것이 무엇인가?

　– 주고(give) 받을(take) 것은?

　– 타협을 한다면, 어떻게 할 것인지 행동계획

2) 행동평가–좋은 점, 나쁜 점 파악하기/손익계산서 작성하기

행동평가는 내담자가 원하는 목적에 부합된 행동인지, 아니면 전혀 다른 도움되지 않는 행동인지를 평가한다. 이것은 이런 당시에 내담자가 했던 행동에 대한 손익계산서를 작성하게 하여 그 행동의 효과성에 대해서 객관적으로 평가하게 한다. 이때 할 수 있는 질문은 다음과 같다.

· 그때 나는 누구에게 무엇을 원했는가?

· 그런 행동은 내가 원하는 것에 효과적이었다고 평가되는가?

· 그때 행동은 어떤 장점과 손해가 있었다고 보는가?

3) 대안모색과 행동계약서 작성하기

행동평가에서 실효성이 없는 행동이라면 다음에 다시 그런 상황에 봉착한다면, 할 수 있는 대처행동에 대한 대안을 마련하고 그것에 대한 행동계약서를 상담자와 작성한다. 행동계약서는 매회 상담을 할 때에 과제 형식으로 실시해도 된다. 이때의 질문내용은 아래와 같다.

· 원하는 것을 성취할 수 있는 만족스런 대안은 없는가?

· 현실적 실천계획을 세워보다면.

· 행동계약서 작성하기

IV

명상상담 성격검사지의
구성과 특징

1 검사지의 구성

본 검사지는 각 성격유형마다 12개 문항으로 구성되었으며, 총 108개 문항이다. 불교에서 말하는 108번뇌를 염두에 두고 구성하였다. 각 성격유형은 다음과 같은 순서로 하위개념이 배열되어 있다. 아래 숫자는 검사지 항목번호를 가리킨다.

Ⅰ. **대인관계**

    2. 사회성   3. 교류방식   4. 애착태도

Ⅱ. **어린 시절**(5)

Ⅲ. **자아개념**

    6. 신념   7. 동기   8. 감정

Ⅳ. **성격역동**

    9. 대응   10. 위기   11. 모순

Ⅴ. **본질**(1)과 **성장**(12)

2 기존 해석법과의 차이점

1 성장과 본질

성격은 환경과의 상호작용 관계에 의해서 형성된 것이다. 그렇기 때문에 궁극적인 실체가 아니라, 상황에 따라서 유연하게 변해야 할 임시적으로 가립된 내용이다. 그렇지만 대부분 우리는 특정한 성격에 집착하여 새로운 환경에서도 유연성이 결여된 채로 기존의 방식으로 반응함으로써 경직되게 행동하여 장애가 되는 경우가 많다. 이런 경직된 성격으로부터 보다 유연하고 성숙된 성격으로 자신을 변화시킬 필요가 있고, 나아가서는 자신의 본래적인 성품을 통찰할 필요성이 요청된다. 이런 부분은 매우 중요하여 본 검사지에서 일반적인 행동성격뿐만 아니라, 성장과 본질에 관련된 항목도 포함시킨다. 명상상담의 궁극적인 목표가 성격으로부터 벗어남을 도와주는데 있기 때문에 성장과 본질에 대한 피험자의 태도를 확인하는 것은 역시 필요하다고 본 것이다. 이점은 내담자의 성장을 돕기 위한 전략을 세우는데 참고가 될 것이다.

2 보조성격의 개념

가장 먼저 지적되는 점은 날개의 개념이다. 기존의 방식은 성격의 연속성을 강조하여 바로 옆에 있는 성격 가운데 하나를 날개로 해석한다. 하지만 이 방법은 반드시 올바른 해석은 아니다. 우리의 성격은 기본적으로 감정, 사고, 의지의 유기적인 조합이다. 이들은 상황에 따라서 다른 방식으로 나타난다. 감정형이 언제나 자신의 형식을 고집하지 않고 상황에 따라서는 사고형이나 의지형의 행동을 취하는 경우가 있다. 이들이 어떤 상황에서 어떤 방식으로 표현되는지를 아는 것이 보다 중요하다. 명상상담의 경우는 날개란 개념을 사용하지 않고, 중심 되는 성격에서 다음으로 자주 사용한다는 의미에서 보조성격이란 용어를 사용한다. 때문에 반드시 중심성격의 바로 옆에 놓인 성격을 의미하는 것은 아니다.

성격의 하위개념

성격을 〈본질, 대인관계, 어린시절, 자아집착, 성격역동, 성장〉 등 6개의 영역으로 구별하여, 상담상황에 직접적으로 활용하게 한 점이다. 대인관계는 사회성, 교류방식, 애착태도로, 어린 시절의 경험은 부모와의 관계에, 자아집착은 다시 신념, 동기, 감정 등으로, 성격역동은 대응, 위기, 모순 등의 하위개념으로 분류한다. 이들은 고집멸도 명상상담에서 중요하게 다루어지고 점검되어야할 과제들이다.

성격역동의 방향: 침체와 활력

성격의 역동을 설명하는 개념으로 분열과 통합이란 용어를 번역하여 사용하는데, 본 검사지의 해석에서는 침체와 활력이란 용어를 더 잘 사용한다. 이를테면 즉흥적인 7번 유형이 심각한 1번의 상태로 변환될 때를 분열되었다는 표현보다는 침체라는 표현이 더 적절하고, 반대로 심각한 1번이 활기찬 7번으로 변화되는 경우에, 이것을 통합되었다는 것보다는 오히려 활력방향으로 나아갔다고 해석하는 것이 더욱 적절한 언어사용이 아닌가 한다.

해석의 세 관점

해석의 방법에서 응답지와 성격역동 그래프, 원(헥사드, 삼각형)를 세 축으로 삼는다. 응답지는 개별적인 성격의 하위개념을 파악하는데 도움을 준다. 특히 내담자의 대인관계, 어린시절, 자아집착 및 성격역동을 파악하는데 참고가 될 것이다.

반면에 그래프는 성격의 전체적인 흐름과 다른 성격유형과의 역동을 파악하는데 도움을 준다. 이를테면 내담자의 대인관계나 자아집착, 및 성격역동이 중심성격과 어떻게

에니어그램 행동특징과 명상상담 전략

상호관계가 있는지 알아보고자 한다면 응답지를 참고하면 된다. 그래프는 어떤 유형의 감정, 사고, 의지를 잘 사용하고 어느 유형을 거부하는지를 살펴볼 수가 있을 것이다. 이 점은 다른 항목에서도 마찬가지로 적용된다.

마지막으로 원은 한 눈에 전체적인 에너지의 방향이 어디를 향하는지를 보게 한다. 중심을 향할 때는 위축되고 부정적인 자기 이미지를 가질 가능성이 있고, 매우 내향적이다. 반면에 밖으로 향할 때는 활기차고 적극적인 자기 이미지를 가진다는 것을 보여준다. 또한 의사결정에서 의지적인가, 아니면 대인관계에서 친밀감이 강조되는지, 아니면 미래에 대한 기획력이 뛰어난지를 확인할 수가 있다.

6 │ 명상의 강조

본 검사지의 해석에서 명상부분이 강조된다는 점이다. 각 유형에 나타난 집착과 그 것에 따른 명상법을 개발하여 활용할 수 있도록 하였다. 감정형에 적절한 명상법과 사고 형에 어울리는 명상법, 의지형에 적절한 명상법을 선택할 수가 있다. 특히 영상관법은 이점에 잘 어울리는 방식으로 활용할 수가 있다. 또한 이점을 알기 위해서는 성장과 본 질의 항목을 잘 이용할 필요가 있다. 성장은 바로 내담자의 상담방향과 상담자의 개입방 향을 제공하여 준다.

3 검사지의 활용방법

1 내담자의 현재에 직면한 문제를 중시한다.

상담에서 중요한 것은 성격유형이 아니라, 내담자의 불편한 경험 내용이다. 그것이 어떻게 발생되고, 그것의 원인은 무엇인지를 내담자중심으로 살펴본다. 여기서 중요한 점은 내담자를 성격유형에 끼워 맞추는 것이 아니다. 내담자의 말을 잘 듣고 공감하는 능력과 문제를 명료화시키는 작업이다.

2 내담자의 중심된 고통이 어디에서 발생되고 있는지를 파악한다.

이점은 응답지에 반응한 항목을 참고하면 도움이 된다. 이것은 절대적인 기준점은 될 수 없지만, 소(牛)의 발자국은 될 것이다. 다음 영역들을 하나씩 검토해 본다.

- 그것은 대인관계에서 오는 문제(Ⅱ)인가?
- 그것이 어린 시절과 자아집착의 문제(Ⅲ)인가?
- 그것은 개인적인 성격역동에서 비롯된 문제(Ⅳ)인가?
- 그것도 아니면 성장(Ⅴ)이나 초월의 욕구(Ⅰ)에서 비롯된 문제인가?

아마도 이런 문제가 복합적으로 연결되어 있을 것이다. 하지만 그 가운데 가장 일차적으로 먼저 다룰 부분이 있을 것이다. 직접적으로 불편함을 느끼는 영역이 무엇인지를 살펴본다.

3 고통발생의 양상을 에니어그램 성격유형과 연결시킨다.

고통이 발생되는 경험나누기가 충분하게 이루어지고, 그 중심영역이 무엇인지가 파악이 되었다면, 상담의 목표와 전략을 수립한다. 하지만 이것은 잠정적인 작업가설이다. 아마도 보다 정확한 소(牛)의 발견은 아래와 같은 작업을 통해서 이루어질 것이다. 다음과 같은 작업은 내담자의 성격유형과 그 중심과제가 무엇인지를 정확하게 이해하게 하는 데 도움을 줄 것이다.

1 대인관계(Ⅱ)의 경우 이 경우는 사회 속에서 자기역할, 상대방과의 대화방식이나 교류방식, 이성과의 관계에서의 애착태도 등 대인관계에 초점을 맞춘다. 이때 자주 받는 불편한 경험이 무엇이고, 그것에 대해서 어떻게 반응하는지, 등을 주로 다룬다.

2 자아집착(Ⅲ)의 경우 어린시절과 자아집착(Ⅲ)의 경우 억압된 감정의 표현에 그 상담목표를 둔다. 현재에 부딪치는 문제와 함께 다루되, 과거 어린시절 어떤 경험과 관련되어 있으며, 감정이 어떻게 억압되고 있는지를 살펴보고 그것을 표현하도록 유도한다. 배후에 도사린 신념을 찾아내어서 자각하게 한다. 상대방에게 원하는 것이 무엇인지, 그것을 표현하지 못하게 하는 숨겨진 신념을 찾아내는 것이 상담의 중심과제이다. 그런 다음에 그것을 효과적으로 표현하는 연습을 하게 한다.

3 성격역동에서 비롯된 문제(Ⅳ)인 경우 이 경우는 성격역동그래프를 활용한다. 여기에 속하는 하위개념은 대응, 위기, 분열이다. 성격역동그래프를 해석할 때, 내담자의 중심유형에서 안정의 방향으로 나가는 것과 위기나 스트레스방향으로 나가는 역동성을 주목해야 한다. 이들의 내적 갈등이 어떤 상황에서, 어떻게 나타나며, 그때에 어떤 행동을 하는지를 면밀하게 청취하여, 그 성격패턴을 잘 살

펴볼 필요가 있다.

4　성장(V)이나 초월의 욕구(I)에서 비롯된 경우　이 경우는 자신의 성격을 거부하지 않고 그 장점을 살리는 방향을 주로 탐색하는 것이 효과적인 접근법이다. 자신의 오랜 습성을 충분하게 이해하기 전에 먼저 버리게 하면 모두가 힘들어진다. 오히려 자신의 소와 함께 충분하게 익숙해질 필요가 있는 것이다. 이런 연후에 비로소 우리는 자신의 소(牛)등에 앉아 여유 있게 피리까지 불면서 집으로 돌아올 때가 있을 것이다.

4 　명상상담에서 반드시 역할극이나 심리극을 활용하라.

충분하게 공감하고 이해가 되었으면 역할극이나 심리극을 해보면 더욱 자신을 발견하는데 도움을 줄 것이다. 글로 쓰거나 말하는 것은 자신의 내면에 감추어진 부분이 역할극을 통해서 오히려 표출되는 경우가 많다. 역할극에서 강조할 점은 다음과 같다. 첫째 과거에 하지 못했던 말을 하게 하라. 둘째 앞으로 하고 싶은 일을 하게 하라. 셋째 역할을 교대하여 상대방의 입장에서 말하게 하라. 넷째 역할극을 끝내고 반드시 느낌 나누기를 해서 자신을 객관적으로 바라보는 시간을 갖도록 하게 하라.

5 　명상법을 일상에서 생활의 일부로 적용하게 하라.

명상상담을 통해서 나타나는 감정, 생각, 갈망의 흐름을 정확하게 인식했으면 일상에서 그것들을 관찰하는 훈련으로 명상을 제시하면 좋겠다. 이점은 명상수련회를 통해서 이루어질 수도 있겠고, 내담자의 특성에 알맞은 맞춤형 명상법을 제시하면 더욱 좋겠다. 이렇게 되면 성격을 벗어나서 본질에 들어가는 중요한 관문으로서 마침내 소(牛)를 놓아버리는 단계에 이르게 된다. 명상은 단기적인 상담 전략이나 삶의 전체적이고 장기적인 목표에 모두 유용한 도구가 된다. 그렇기 때문에 상담자는 성격유형에 알맞은 다양한 명상법을 알고 있으며 또한 무엇보다도 먼저 경험할 필요가 있다.

4 검사결과의 해석연습

활동 1 **그래프에 의한 해석연습**

• 감정, 사고, 의지의 형
• 평균범위와 평균이상의 범위
• 중심성격과 보조날개와의 관계
• 내거티브

활동 2 **응답지에 의한 해석연습**

• 응답지는 대인관계, 자아집착, 성격역동 등을 가로로 읽어서 높은 점수와 범주별 합
계를 중심으로 개별적인 행동특성과 그 역동성에 주목하여 해석한다.

	2	3	4	7	6	5	8	9	1
대인관계									
어린시절									
자아개념									
성격역동									
성장과 본질									

• 대인관계(2,3,4)
• 어린시절(5)
• 자아집착(6,7,8)
• 성격역동(9,10,11)

• 성장과 본질(12, 1)

원, 도형, 삼각형에 의한 해석

• 원에 나타난 전체적인 모양, 에너지 방향 등을 본다.
• 성격역동 가운데 움직이는 선을 중심으로 해석하여 본다.

　의지형 – 추진력

　사고형 – 기획

　감정형 – 친밀 · 소통

노안영 · 강연선 공저(2002), 성격심리학, 서울: 학지사.

민경환(2002), 성격심리학, 서울: 법문사.

안범희(2009), 성격심리학, 서울; 하우.

이순자(2003), 구르지예프, 베어 및 리소의 에니어그램 비교, 창원대학교 대학원, [박사학위]

김승종. (1997). 인간 이해로서의 집단상담을 위한 Enneagram. 건양대인문논 총 2. 143–161.

김인숙. (2001). 자기발전과 적응(adjustment)을 위한 에니어그램에 관한 연구. 목포과학대학 논문집 25(2). 453–490.

김진영. (2001). 에니어그램 자아발견 워크샵이 청소년의 자아정체감에 미치는 영향. 명지대 대학원 석사학위논문.

김현수. (1999). 에니어그램의 계보와 발전과정 소고: Gurdjieff와 Ichazo의 계보를 중심으로. 한국정신과학학회지 3(2). 97–115.

박종영. (2001). 에니어그램성격유형의 개요와 측정방법. 한국외국어대학교논문집 33. 333–365.

윤운성. (1999). 에니어그램 성격유형 탐구. 공주대교육연구 15. 97–115.

윤운성. (2000). 에니어그램 성격검사의 고찰과 기업에의 활용. Andragogy Today 3(3). 203–224.

윤운성. (2001). 에니어그램 성격검사의 개발과 타당화. 한국교육심리연구 15(3). 131–161.

이광자. (2002). 간호사의 에니어그램 유형 분석. 이화여자대학교 간호학 연구소 간호과학 제 14권 2호. 31–44.

이순자. (2002). 초월상담의 관점에서 본 구르지예프의 에니어그램. 2003 한국상담학회 연차 대회 논문자료집, 289–304.

이순자. (2003a). 자유를 위한 에니어그램: 기초과정. (한국초월 영성상담연구소, 경남 창원시 북면 신촌리 771번지, 슈리 크리슈나다스 아쉬람)

이순자. (2003b). 자유를 위한 에니어그램: 심화과정. (한국초월 영성상담연구소, 경남 창원시 북면 신촌리 771번지, 슈리 크리슈나다스 아쉬람)

이호준 역. (1992). 나는 누구인가. 서울: 청하.

Assagioli, R. (1965). *Psychosynthesis*. NY: Viking.

Assagioli, R. (1973). *The act of will*. NY: Viking.

Bear, E. J. (Producer). & Bear, E. J. (Director). (1994). *The enneagram and Self-realization*. [Video Tapes]. CA: Leela Foundation.

Bear, E. J. (근간). 자유를 위하여. (김병채 · 이순자 공역.). 경남 창원: 슈리 크리슈나다스 아쉬람. (원저 2001 출판)

Beesing, M., Nogosek, R., & O'Leary, P. H. (1996). (3판.). 자아 발견을 위한 여행. (박종영 역.). 서울: 성바오로. (원저 1984 출판)

Boorstein, S. (1997). 자아초월 정신치료. (정성덕 · 김익창 공역). 서울: 하나의학사. (원저 1996 출판)

Boorstein, S. (1997). *Clinical studies in transpersonal psychotherapy*. NY: State University of New York Press.

Brook, P. (Production). & Brook, P. (Director). (1997). *Meetings with remarkable men: Gurdjieff's search for hidden knowledge*. [Film]. NY: Parabola Video Library.

Empereur, J. (1997). *The enneagram and spiritual direction: Nine paths to spiritual guidance*. NY: The Continuum Publishing Company.

Fadiman, J., Frager, R. (2002). (5th ed.). *Personality & personal growth*. NJ: Person Education, Inc..

Gamard, W. S. (1986). *Interrater reliability and validity of judgements of enneagram personality types*. Doctoral dissertation, California University, San Francisco.

Gurdjieff, G. I. (1984). *Views from the real world*. NY: Penguin Compass.

Gurdjieff, G. I. (1985). *Meetings with remarkable men*. NY: Arkana, the Penguin Group.

Gurdjieff, G. I. (1991). *Life is real only then, when 'I am'*. NY: Arkana, the Penguin Group.

Gurdjieff, G. I. (1999). *All and everything: Beelzebub's tales to his grandson*. NY: Arkana, the Penguin Group.

Maslow, A. H. (1964). *Values and peak experience*. Columbus: Ohio State University Press.

Maslow, A. H. (1968). *Toward a psychology of Being*. NY: Van Nostrand Reinhold.

Needleman, J., Baker, G. (1998). *Gurdjieff: Essays and reflections on the men and his teaching*. NY: The Continuum Publishing Company.

Newgent, R. A. (2001). An investigation of the reliability and validity of the Riso-Hudson enneagram type Indicator. *Dissertation Abstracts International*. 62(2-A).

Nicoll, M. (1996). *Psychological commentaries on the teaching of Gurdjieff and Ouspensky*. (Series ed.). ME. Weiser Books.

Nott, C. S. (1982). *Teachings of Gurdjieff: A pupil's Journal*. ME: Samuel Weiser, Inc..

Orage, A. R. (1998). *On love & psychological exercises*. ME: Samuel Weiser, Inc..

Osho International Foundation. (Producer). (1998). 오쇼 구제프 신성무와 수피 댄스. (한글 자막.). [비디오 테이프]. 서울: 황금꽃. (원본 1998

Riso, D. R. (1993). *Enneagram transformations: Releases and affirmations for healing your personality type*. NY: Houghton Mifflin Company.

Riso, D. R. (Speaker). (1994). *The power of the enneagram: A new technology of self-discovery* (Cassette Recording No. 12930A). IL: Nightingale-Conant Corporation.

Riso, D. R., Hudson, R. (1995). *Discovering your personality type: The new enneagram questionnaire*. NY: Houghton Mifflin Company.

Riso, D. R., Hudson, R. (1996). *Personality types: using the enneagram for self-discovery*. NY: Houghton Mifflin Company.

Riso, D. R., Hudson, R. (1999). *The wisdom of the enneagram*. NY: A Bantam Book.

Riso, D. R., Hudson, R. (2000, May, October). *The Riso-Hudson enneagram professional training program: Part* I · II. (The enneagram Institute, Kirkridge Conference Center, Stroudsbourg, PA, U.S.A)

Riso, D. R., Hudson, R. (2001, March). *The Riso-Hudson enneagram Professional training program: Part* III. (The enneagram Institute, Simpsonwood Center, Atlanta, GA, U.S.A)

Rohr R., Ebert, A. (1989). 내 안에 접혀진 날개. (이화숙 역). 서울: 열린. (원저 1989 출판)

Schultz, D. (1994). 성장심리학. (이혜성 역). 이화여자대학교 출판부. (원저 1977 출판)

Wilber, K. (1993). *The spectrum of consciousness*. (2nd ed.). IL: The Theosophical Publishing House.

Wilber, K. (1996). *The atman project.* (2nd ed.). IL: The Theosophical Publishing House.

Wymen, P. (1998). Integrating the MBTI and the Enneagram in psychotherapy: The core self and the defense system. *Journal of Psychological Type.* 46. 28–40.

Zuercher, S. (2000a). (4th ed.). *Enneagram spirituality.* IN: Ave Maria Press.

Zuercher, S. (2000b). *Enneagram Companions: Growing in relationships and spiritual direction.* IN: Ave Maria Press.Daniel Cervone , Lawrence A. Pervin, 성격심리학, (민경환, 김민희, 황석현 옮김), 서울: 시그마프레스, 2015년 08월

Bear, E. J. 자유를 위하여. (김병채 · 이순자 공역.). 경남 창원: 슈리 크리슈나다스 아쉬람.

Bear, E. J. (1994). *The enneagram and Self-realization.* CA: Leela Foundation.

Riso, D. R., Hudson, R. (1999). *The wisdom of the enneagram.* NY: A Bantam Book.

Enneagram. Personality and Meditation Counselling Strategy

Kim, Hyung-Rog(Ven. Inkyung)
Dongbang Culture University

This book is not a field study on the effectiveness of the Enneagram but a theoretical study for expanding the subordinate concept of personalties together with the psychological foundation of the basic personality classification of Enneagram. In the Enneagram, personality is classified into three types namely, the feeling type, the thinking type and the instinctive type. This study examine the re ason for its three types of classification from the perspective of Freudian psychology, brain science and Buddhist psychology. Furthermore, it examines the Enneagram based on five categories, twelve subordinate concepts through the factor analysis of personalities. The five categories are classified into personal relationship, childhood, self-concept, personality dynamics and growth & essence and the twelve subordinate concepts are classified into essence, sociality, exchange method, attachment attitude, diagram of childhood, feeling, thinking, longing, response, crisis, contradiction and growth. In addition, the ultimate goal of Enneagram is understood as a growth process towards essence by going beyond personality.

알아차림 명상척도(MMS)

날 짜: _____

이 름: _____

다음 항목에 대해 동의하는 정도를, 아래의 척도에 따라 옆의 숫자에 ○표하세요. 기준은 명상하는 동안이나 집단에 참여할 때가 아니다. 일상생활에서 매순간 매순간에 그러한지를 묻는 것이다. 이 점에 주의를 해서 응답한다.

5. 거의 항상 그렇다.
4. 대체로 그렇다.
3. 결정하기가 어렵다.
2. 대체로 그렇지 않다.
1. 매우 그렇지 않다.

일상생활에서 _____

1. 나는 현재하고 있는 동작을 자각하면서 그 일을 한다.   1 2 3 4 5

2. 나는 신체적인 긴장이나 불편을 잘 알지 못한다.   1 2 3 4 5

3. 나는 과거나 미래에 일어난 일에 사로잡혀있는 경우가 있다.   1 2 3 4 5

4. 나는 느낌이나 감정에 대해서 판단하지 않고 있는 그대로 경험하도록 한다.   1 2 3 4 5

5. 나는 걱정 때문에 하는 일에 지속적으로 주의를 잘 기울이지 못한다.   1 2 3 4 5

6. 나는 감정에 휩쓸리면 회피하는 경향이 있다.   1 2 3 4 5

7. 나는 일단 생각에 빠지면 멈출 수가 없다.   1 2 3 4 5

8. 나는 충동에 빠지면 곧 알아차리고 호흡으로 돌아온다.   1 2 3 4 5

9. 나는 옳다 그르다 판단하지 않고 대상을 바라볼 수가 있다.   1 2 3 4 5

10. 나는 일어나는 몸 느낌에 의도적으로 머물 수가 있다.   1 2 3 4 5

11. 나는 쉽게 흥분하여 주의가 분산된다.　　　　　　　1　2　3　4　5

12. 나는 종종 자동적으로 공상에 빠지는 경향이 있다.　　1　2　3　4　5

13. 나는 음식의 맛과 느낌을 느끼면서 먹는다.　　　　　1　2　3　4　5

14. 나는 걸을 때 발의 움직임을 지켜보면서 걷곤 한다.　1　2　3　4　5

15. 나는 부정적인 생각이 일어나면 곧 그것을 알아차리고 호흡으로 돌아온다.　1　2　3　4　5

16. 나는 대상의 냄새나 향기를 알아차리고 지켜보곤 한다.　1　2　3　4　5

17. 나는 부정적인 생각을 억압하는 경향이 있다.　　　　1　2　3　4　5

18. 나는 내가 하는 일을 자각하지 못한 채로 자동적으로 하는 경우가 많다.　1　2　3　4　5

19. 나는 목욕을 할 때 물이 닿는 감각에 주의를 기울여 그곳에 머문다.　1　2　3　4　5

20. 나는 앞으로 닥칠 미래를 걱정하다가 현재의 일에 집중하지 못한다.　1　2　3　4　5

개발자는 인경스님으로 해석과 평가에 참고할 사항은 아래와 같다.

1. 첫째로 100%로 점수화되어 있고, 반대문항은 아래와 같다. 검사 결과의 총점에서 서로 5점 이상이 차이가 있다면 응답자의 신뢰에 문제성이 있을 수 있기에 개인별 점검이 요청된다.

2. 둘째는 구성개념은 이렇다.
   - 알아차림(1,2,12,15,18)
   - 머물기(5,10,13,19,20)
   - 지켜보기(7,8,9,14,16)
   - 수용(3,4,6,11,17)

총점:	총점:	
1,	2,	→
4,	3,	
8,	5,	
9,	6,	
10,	7,	
13,	11,	
14,	12,	
15,	17,	
16,	18,	
19	20	

3. 본 검사지는 표준화된 검사가 아니기에 일반화시키거나 절대적 평가를 하는 데는 한계가 있다. 다만 개인적 상담 상황에서 일관서 있게 적용한다면, 내담자의 명상과 관련된 변화를 보여줄 수는 있다.

간편 도식검사

날 짜: _____

이 름: _____

지시문

아래의 리스트는 자신을 묘사할 수 있는 진술들입니다. 각 문장을 읽고 그것이 당신을 얼마나 잘
묘사하는지 선택하십시오. 확신이 가지 않을 때는 진실이라고 믿는 생각이 아니라 당신이 느끼는
감정적 느낌에 따라 답하십시오. 당신을 가장 묘사하는 수치를 정도에 따라 1부터 6까지, 문장 앞
의 _____에 숫자를 써넣으십시오.

주의점

앞쪽은 _____가급적이면 어린 시절과 청소년기를 염두에 두고 평가하길 바랍니다.
뒷쪽의 _____은 최근 가까운 현재에 관련된 경험이나 느낌을 평가하여 적으시면 됩니다.

평가척도

1 = 완전히 나와 다르다	2 = 대부분이 나와 다르다
3 = 사실이 아니기보다는 사실에 조금 가깝다	4 = 중간 정도로 나와 맞다
5 = 대부분 나와 맞다	6 = 완전히 나를 묘사한다

1. _____대부분의 시간 동안, 나를 돌봐주고 나와 나누거나 나에게 일어나는 모든 것을 깊이 염려해주는 사람을 가져보지 못했다. _____ed

2. _____나는 가까운 사람에게 매달리고 있는 자신을 발견한다. 그들이 나를 떠날까봐 두렵기 때문이다. _____*ab

3. _____나는 사람들이 나를 이용할 거라고 느낀다. _____*ma

4. _____나는 어디에 속하지 못한다. 나는 혼자 있는 사람이다. _____*si

5. _____나는 기본적으로 용납될 수 없는 사람이기 때문에 남 앞에서 나 자신을 드러내서는 안 된다. _____*ds

6. _____나는 직장이나 학교에서 다른 사람이 하는 것만큼 잘 할 수 있는 것이 거의 없다. _____*fa

7. _____나는 매일의 일상을 내 힘으로 꾸려나갈 수 없다고 느낀다. _____*di

8. _____나는 뭔가 나쁜 일이 일어날 것 같다는 느낌에서 벗어날 수 없다. _____*vh

9. _____ 나는 내 또래의 다른 사람이 하는 독립하는 것처럼, 나의 부모로부터 독립할 수 없었다. _____*em

10. _____ 나는 다른 사람의 원하는 것에 따르는 것 이외의 다른 길이 없다고 느낀다. 그렇지 않으면 그들은 다른 식으로 보복하거나 나를 거절할 것이다. _____*sb

11. _____ 나는 내가 관심을 갖고 있는 사람을 위해, 너무 바빠서 나를 위한 시간을 거의 내지 못한다. _____*ss

12. _____ 나는 자의식이 너무 강해서 남에게 좋은 감정(애정, 관심을 보이는 것 등)을 보여주지 못한다. _____*ei

13. _____ 나는 내가 하는 대부분에서 최고가 되어야 한다. 두 번째라는 것은 받아들일 수 없다. _____*us

14. _____ 나는 다른 사람으로부터 무언가를 원할 때 '아니오'라는 대답을 받아들이기 매우 어렵다. _____*et

15. _____ 나는 반복되고 지루한 과제를 완수하기 위해 나를 조절할 수 있을 거 같지 않다. _____*is

16. _____ 나는 누구든지 잘못하면 혹독한 처벌을 받아야 한다고 느낀다. _____*pu

17. _____ 나는 어떤 것이 잘 되어가도 결국은 나빠질 것 같은 예감이 든다. _____*np

18. _____ 나는 조금 과장된 태도로 승인과 인정을 바란다. _____*as

---

ed Emotioal Deprivation 정서적 박탈

ma Mistrust/Abuse 불신/학대

ds Defectiveness/Shame 결함/수치심

di Dependence/Incompetence 의존/무능

em Enmeshment 융합

ss Self-Sacrifice 자기-희생

us Unrelenting Standards 가혹한 기준

is Insufficient Self-Cantrol/Self-Discipline 불충분한 자기-통제/자기-훈련

pu Punitiveness 처벌

as Approval Seeking 승인추구

ab Abandonment 유기

si Social Isolation/Alienation 사회적 고립/소외

fa Failure 실패

vh Vulnerability to Harm and Illness 취약성/질병

sb Subjugation 복종

ei Emotional Inhibition 정서적 억압

et Entitlement 과대/권능

np Negative/Pessimism 부정성/비관주의

• 본 '간편 도식검사지'는 Jeffrey E Young의 홈페이지에 게재된 75문항의 'Young의 도식 응답지 단축형'을 기본으로 하여, 인경스님에 의해서 빠진 문항(pu, np, as)을 첨가하여 총18개 문항으로 재구성하고, 명칭을 '간편 도식검사지'로 한 것임.

우울척도 검사 - Buns Depression Checklist

날 짜: _____

이 름: _____

생년월일: _____

아래의 항목에 본인이 해당된다고 느끼는 점수를 아래의 기준에 따라서 각 항목별로 평가하여 주시길 바랍니다.

0-전혀, 1-조금, 2-대체로, 3-많이, 4-심하게

생각과 감정

1. 나는 문득 슬프고 기분이 내려앉는다.   0 1 2 3 4

2. 나는 불행하고 우울한 느낌이 든다.   0 1 2 3 4

3. 나는 자주 울고 눈물을 흘린다.   0 1 2 3 4

4. 나는 자신에게 실망하고 좌절감을 느낀다.   0 1 2 3 4

5. 나는 희망이 없다.   0 1 2 3 4

6. 나는 자존감이 낮다.   0 1 2 3 4

7. 나는 가치가 없고 적절하지 못하다고 느낀다.   0 1 2 3 4

8. 나는 부끄럽고 죄책감이 많다.   0 1 2 3 4

9. 나는 자신에 대한 자책과 비난을 자주 한다.   0 1 2 3 4

10. 나는 스스로 결정하기 어려움이 있다.   0 1 2 3 4

활동과 대인관계

11. 요즈음 나는 친구나 가족에 대한 관심이 없어진다.   0 1 2 3 4

12. 나는 외롭다.   0 1 2 3 4

13. 나는 가족이나 친구와 함께 하는 시간이 줄어들고 있다.   0 1 2 3 4

14. 나는 요즈음 매사에 의욕의 상실되고 있다.   0 1 2 3 4

15. 나는 요즈음 일과 활동에 대한 관심이 줄어들고 있다.   0 1 2 3 4

16. 나는 가급적이면 일이나 다른 활동을 피함   0 1 2 3 4

17. 나는 인생의 기쁨과 만족을 느끼지 못한다.   0 1 2 3 4

신체적 징후

18. 나는 피곤하다.   0   1   2   3   4

19. 나는 수면이 곤란함을 느낀다.   0   1   2   3   4

20. 나는 과식하거나 아니면 잘 먹지 않는다.   0   1   2   3   4

21. 요즈음 나는 성에 대한 관심이 저하되고 있다.   0   1   2   3   4

22. 요즈음 나는 건강에 대한 염려증이 있다.   0   1   2   3   4

자살에 대한 주장

23. 당신은 자살에 대한 생각을 하는가?   0   1   2   3   4

24. 당신의 삶을 끝내고 싶은가?   0   1   2   3   4

25. 당신은 자신을 해칠 계획을 가지고 있는가?   0   1   2   3   4

총점: 0-5   전혀

         6-10   보통, 불편

         11-25   약간의 우울

         26-50   보통의 우울

         51-75   심한 우울

         75-100   극단적 우울

• 본 검사지는 Buns Depression Checklist로 근거는 David D. Surns, Feeling Good-The New Mood Therapy, New York, Avon Books. 1999. p.20.에서 인용한 것임. 번역은 인경스님이 하였음.